긍정의 교실

긍정의 에너지로
따뜻하고 안전하고 단단한
학급 만들기

긍정의 교실

임혜진 · 전민기 · 정영선 지음

케렌시아

지금 우리에게는 긍정에너지가 필요합니다

세상이 참 빠르게 변하고 있지요? 아이들도 참 많이 변했습니다. AI(인공지능) 시대를 살아가는 아이들의 생각이나 행동은 예전과 매우 다릅니다. 좋고 싫음의 감정을 명확하게 표현하고, 자기 생각을 말할 때 좀 더 직설적이기도 합니다. 하지만 교사로서 아이들을 만나보면 그런 표현이나 행동이 관심을 받기 위해서인 경우가 많다는 것을 알게 됩니다. 정말 사랑이 많이 필요하다고 생각할 때가 많습니다.

이렇게 빠르게 변화하는 세상에서 '요즘 아이들'이 미래를 잘 살아 갈 수 있도록 교육하는 사람, '요즘 선생님'이 궁금했습니다. 교실에서 혼자 요즘을 살아가고 있을 선생님의 외로운 마음에 공감하고 싶었습니다. 무엇이 잘못되었는지, 언제부터 잘못되었는지도 모르게 흘러가는 지금을 오롯이 견디며 살아가고 있는 선생님들에게 힘을 줄 수 있는 방법을 찾고 싶었습니다.

교실 붕괴가 일어난 교실에 들어가 보면, 데이비드 호킨스(David Roman Hawkins)가 말하는 참된 힘(Power)보다는 위력(Force)이 더 많음을 알 수 있습니다. 무기력과 회피, 분노와 공격, 날 선 자존심의 가시에 서로 상처만 남기고 있습니다. 선생님도 해결을 위해 위력을 위력으로 누르려고 하니 잠깐은 효과가 있는 것 같지만 결국 상황이 더욱 악화됩니다.

붕괴 직전의 교실이라도 친구의 부탁에 친절과 배려로 응하거나, 서로 인사를 나누는 등 참된 힘이 발휘되는 순간도 있습니다. 하지만 긍정의 에너지가 지속되지 않기 때문에 선생님은 교실의 에너지를 회복하기 위해 참된 힘을 사용하려고 애씁니다.

그러나 안타깝게도 참된 힘에서 위력으로 돌아서는 것을 종종 보게 됩니다. 학생이나 학부모, 동료로부터 받는 심리적 상처, 과도한 업무 스트레스 등으로 에너지가 소진되고, 혼자서는 힘겹기 때문일 것입니다.

교실에서는 긍정과 부정, 옳고 그름처럼 다양한 가치가 서로 영향을 주고받습니다. 아이가 표현하는 분노를 교사의 더 큰 분노로 해결하는 것이 안타까웠습니다. 분노가 아닌 다른 긍정에너지로 문제를 해결하며 아이도 교사도 살아갈 수 있는 긍정의 교실을 만들어야 합니다.

그림을 잘 그리고 싶으면 그림 연습을 하고, 줄넘기를 잘하려면 줄넘기를 반복하듯이 참된 힘을 발휘하려면 참된 힘이 생기는 말과 행동을 연습해야 합니다. 지금 선생님이 겪고 있는 상황이 내 교실에서만 일어나는 일이 아니라 다른 교실에서도 일어나고 있음을 알고 힘을 내기를 바랍니다. 그러려면 매일 부딪히는 위력의 상황을 긍정의 참된 힘으로 바꾸는 연습을 시작하면 좋겠습니다. 이 연습은 끝없이 반복해야 하지만, 교사인 나와 학생, 학부모, 동료까지 구할 수 있을 것입니다.

교실에서 일어나는 문제를 해결하는 방법은 다양합니다. 심리 전문가의 처방, 전문가의 상담, 아이와의 간단한 대화 등 여러 가지 방법이 있습니다. 이 책은 심리 전문가의 처방이나 전문가의 상담을 심도 있게 다루지 않습니다. 그저 교실에서 지금도 일어나고 있는 현상에 공감하고 위력을 참된 힘으로 바꾸는 교사의 말과 행동을 전하고자 합니다.

'하기 싫어요, 아무것도 안 할래요'라고 하며 회피하는 무기력한 아이들에게는 긍정에너지가 필요합니다. '어떤 활동을 하고 싶니? 네가 하고 싶은 것을 먼저 말해줄래?'라고 아이들의 생각을 묻고 공감하며 참된 힘으로 교실의 에너지를 함께 바꾸어 가려고 합니다.

교실을 긍정에너지로 채우는 첫 시작은 환대의 마음입니다. 환대가 있는 교실의 모습을 1부에서 이야기합니다. 2부와 3부에서는 아이들, 교사, 학부모와 함께 교실을 긍정에너지로 가득하게 하는 말과 행동을 제시합니다. 긍정의 말과 행동으로 작은 성공의 경험을 쌓아 '긍정의 교실'을 만들어 가는 데 도움이 되면 좋겠습니다.

지금도 그리고 앞으로도 선생님들을 흔들리게 하는 숱한 바람이 계속 불어올 것입니다. 비바람에도 흔들리지 않고 교육을 꽃 피우고 열매 맺으려면 뿌리 깊은 나무가 되어야 합니다. 나무의 뿌리가 물과 양분을 향해 더 깊이 뻗어나가듯이 선생님의 뿌리는 '방법'이 아니라 '가치'를 향해 뻗어나가야 합니다. 참된 힘으로 '내가 지금 잘하고 있구나!' 하고 긍정의 에너지를 얻으시길 바랍니다.

　마지막으로 『새로운 가난이 온다』에서 김만권이 한 말을 인용하며 저자들의 마음을 전합니다.

　사랑하는 사람들, 이웃들, 아이들을 떠올려 보세요. 사랑하는 이들에게 능력이란 덕목을 요구하는 대신, 보호라는 제도의 우산을 씌워 주세요. 그리고 그 우산 아래서 서로의 어깨를 맞대고 퍼붓고 있는 이 시대의 위기들을 함께 견뎌 냈으면 해요.

2부 · 긍정의 에너지로 자라는 아이들

3부 · 긍정의 에너지가 가득한 교사

참된 힘으로 만드는
긍정의 교실

참된 힘과 위력

인간의 본질은 의식입니다. 의식이란 인간의 정신적, 육체적 활동의 주체인 에너지, 힘이지요. 힘은 한자로 力으로 쓰며, 영어로는 Power 와 Force로 씁니다.

참된 힘(Power)은 남을 움직이게 하는 힘, 정신적인 힘을 말하고, 위력(Force)은 외부에 작용하는 힘, 물리적인 힘을 의미합니다. 사랑의 힘을 'Power of love'라고 하지 'Force of love'라고 하지 않는 것은 사랑은 위력으로 얻는 것이 아니라 참된 힘으로부터 시작되기 때문입니다.

참된 힘과 위력은 사람의 행동을 결정합니다. 누구나 자신의 의식을 위력 수준이 아닌 참된 힘의 수준까지 상승시킬 수 있습니다.

참된 힘을 키워요

'나는 왜 이렇게 밖에 못할까?'라는 근심은 두려움이라는 위력의 의식 수준에 있습니다. 이것을 존재 자체에 대한 감사의 마음으로 바꾼다면 기쁨이라는 참된 힘의 의식 수준으로 전환됩니다. 의식의 밝기가 100에서 540으로 큰 변화를 가지게 되므로 에너지가 변할 수 있는 것입니다. 데이비드 호킨스 박사는 인간의 의식 수준을 1부터 1,000까

	의식의 밝기	의식 수준	감정	행동
참된 힘 (POWER)	700~1000	깨달음	형언할 수 없는	순수의식
	600	평화	하나 됨	인류 공헌
	540	기쁨	감사	축복
	500	사랑	존경	공존
	400	이성	이해	통찰력
	350	수용	책임감	용서
	310	자발성	낙관	친절
	250	중립	신뢰	유연함
의식의 전환점	200	용기	긍정	힘을 주는
위력 (FORCE)	175	자부심	경멸	과장
	150	분노	미움	공격
	125	욕망	갈망	집착
	100	두려움	근심	회피
	75	슬픔	후회	낙담
	50	무감정	절망	포기
	30	죄의식	비난	학대
	20	수치심	굴욕	잔인함

『고마워 교실』, 양경윤·김미정(2021)에서 정리한 것을 재인용함

지의 척도로 수치화하여 의식지도를 만들었습니다. 의식의 밝기 200
은 참된 힘의 시작이며, 의식의 전환점입니다. 변화된 나를 원한다면
의식 수준을 200 이상으로 올려보는 것입니다.

　하루에 한 번이라도 참된 힘을 발휘한다면 위력을 상쇄시킬 수 있습
니다. 위력이 참된 힘으로 바뀌도록 참된 힘이 있는 말과 행동을 매일
반복해서 하는 것입니다. 참된 힘의 말과 행동은 우리가 지금껏 교실
에서 많이 듣고, 많이 해온 것들입니다.

　사랑해, 고마워, 자랑스러워, 널 진심으로 이해해,
　그래 그럴 수도 있지, 넌 잘할 수 있어, 우리 같이해,
　그래도 다행이야, 내가 도와줄게.

긍정의 교실 만들기

　아이들은 수업 시작 종이 울리면 자리에 앉아 수업을 준비해야 한다
는 것을 알지만, 행동하지 않기도 합니다. 더 놀고 싶어 하는 아이는
내적 동기를 길러 바르게 앉아 교과서를 준비하려는 노력이 필요합니
다. 아이들이 노력하지 않으면 선생님이 두세 번 준비하라고 이야기
해도 소용이 없습니다. 그래서 긍정의 변화를 만들기 위한 노력을 힘
들어하거나 거부하게 되기도 합니다. 하지만 실제로 그렇게 큰 노력이
요구되는 것은 아닙니다. 주의를 기울이는 것 하나만으로도 바꾸어야

할 습관이 자동으로 줄어듭니다. 주의를 기울인다는 것은 스스로 해야 할 일을 알아차린다는 것입니다.

수업 종이 울릴 때 자리에 앉아야 한다는 알아차림, 문제를 다 풀고 나서 다른 친구들을 배려하는 마음으로 기다려야 한다는 알아차림만으로도 진정한 힘을 발휘할 수 있습니다.

선생님은 마음, 표정, 말 그리고 행동으로 긍정의 에너지를 듬뿍 줄 수 있으면 좋겠습니다. 밝은 미소와 함께 '고마워', '사랑해', '잘하고 있어'라고 말하며 가끔은 어깨도 토닥여주고, 하이파이브도 해주는 것입니다.

친구와 자주 다투는 아이가 매번 '장난으로 그랬어요'라고 하더라도 아이 스스로 위력을 참된 힘으로 이겨낼 수 있도록 긍정의 에너지를 주세요.

"오늘 ○○이와 말다툼이 있었지? ○○이는 친구들과 함께 노는 것을 참 좋아하는데 속상했겠구나. … 선생님 이야기를 끝까지 들어 주어서 고마워."

선생님이 하루 한 번 실천하는 참된 힘의 말과 행동은 선생님을 성장시키고 교실을 따뜻하게 바꿉니다. 선생님이 아이들을 위해 하는 그 모든 일이 긍정의 교실로 향하고 있습니다.

1부

환대로 채우는
긍정의 교실

1장

환대로
시작하기

새 학기 첫날에
해야 할 일

3월 2일, 첫날을 시작하며

새 학기 첫날이다. 긴장되는 마음으로 교실로 들어섰다. 새 학년 맞이
기간 앞문에 '반가워요' 인사말도 붙여두고 책상에 이름표도 세워두며
나름 아이들 맞이 준비를 해두길 잘했다고 생각했다. 우리 반이 될 아
이들이 궁금했고 그만큼 긴장이 되기도 했다.

첫날이라 평소보다 조금 일찍 출근했더니 몇몇 아이가 자리에 앉아 있
었다. 나를 보고 '안녕하세요' 하고 인사는 하지만 아이들의 긴장이 느
껴졌다. 나도 아이들에게 '안녕' 하고 인사하며 교실로 들어서는 오늘
은 첫날이다.

새 학년을 맞이하는 것은 선생님에게도 긴장되는 일이지만 아이들에게도 마찬가지입니다. 학기 말 성적표를 나눠주는 날이면, 아이들은 평가 결과보다 내년에 몇 반인지 누구와 같은 반이 되었는지를 더 궁금해합니다. 새 학년이 되어 낯선 공간, 낯선 사람들 사이에서 자기와 놀아줄 친구가 있을지가 제일 걱정되는 것입니다.

　새 학년 첫날, 아이들이 교실에 들어서며 제일 먼저 하는 일은 무엇일까요? 담임선생님은 누구인지 그리고 아는 친구가 있는지 찾는 것입니다. 그때 아는 얼굴을 보게 되면 어떤 마음이 들까요? 반갑고 긴장한 마음도 놓일 것입니다. 누군가가 나를 알아봐 주는 것만으로도 기분이 좋아집니다. 낯선 곳, 낯선 얼굴들 속에서 알고 있던 친구가 나를 알아봐 주는 것만으로도 마음이 이렇게 편해지는데, 교실의 모든 사람이 자신을 알아봐 주고 환대해 주면 얼마나 행복할까요?

모두를 환대해요

　교실을 들어섰을 때 누군가 '나를 반겨준다'라는 사실은 어떻게 알 수 있을까요? 바로 그 누군가의 반응을 보고 알 수 있습니다. 눈을 맞추고 가볍게 고개를 끄덕이거나 '안녕' 하고 인사를 해주는 것, 손을 흔들며 아는 체하는 반응 말입니다. 오랜만에 만난 친구의 인사는 조금 어색하기도 합니다. 어색함을 깨고 얼굴 가득 미소를 담아 큰 소리로 반갑게 인사하는 아이도 있습니다. '우리 같은 반이야!' 하고 기분 좋은 한마디를 건네는 아이도, 그 환대를 받은 아이도 모두 웃음 가득한 얼굴이 됩니다.

"반가워, 어서 와, 우리 반이라서 고마워!"

새 학기 첫날, 교실에서의 첫 번째 일은 바로 환대입니다. 교실이라는 공간에 아이가 등장하는 순간, 두 팔 벌려 그 존재를 반겨주는 것이지요. 자신이 사랑받고 환영받는 존재임을 알려주는 것입니다. 교사의 환영 인사를 어색해하는 아이도 있습니다. 괜히 수줍어서 고개를 숙이기도 하고 빠르게 교사 앞을 지나가 버리기도 합니다. 그래도 아이는 '나를 반겨주시는구나!' 하는 느낌을 전해 받습니다. 그 환대의 느낌이 중요합니다.

건강한 모습으로 잘 등교해 준 아이들은 얼마나 고마운 존재인가요? 존재 자체가 고마운 아이들을 환대하는 일은 그리 어렵지 않을뿐더러 그 효과가 매우 큽니다.

아이들은 늘 같은 자리에서 자신을 환대하는 선생님을 '가까운 사람'으로 느끼고 교실을 '안전한 곳'으로 여기게 됩니다. 그러면 저절로 마음과 마음의 거리는 가까워집니다. 매일 아침 교실로 들어서는 우리 아이들에게 환대의 인사를 건네주세요.

인사를 하면서 자신의 존재 자체로 가치를 인정받고, 다른 사람들과 한 번 더 눈을 맞추며, 한 번 더 말을 하게 됩니다. 교실에는 따뜻한 에너지가 퍼지고 분위기는 부드러워집니다.

"반가워, 어서 와, 우리 반이라서 고마워!"

"건강한 모습으로 등교해서 고마워!"

"넌 아주 사랑스러운 사람이야."

환대가 남기는
좋은 첫인상

3월 2일 첫날을 마무리하며

긴장된 첫날이 어떻게 지나갔는지 모르겠다. 정신없이 하루가 지나갔다. 3월 한 달을 잘해야 일 년 교실 생활이 편하다고 하는데 제대로 잘했을까?

문득 나는 아이들에게 어떤 선생님이 되고 싶은지 의문이 들었다.

내가 편해야 하는 걸까? 진심으로 원하는 모습은 어떤 것일까?

착한 선생님? 친절한 선생님? 친구 같은 선생님? 무서운 선생님?

사실 이것을 다 갖춘 착하고 친절하며 친구 같지만 그래도 권위 있는 선생님이 되고 싶다. 욕심인 줄 알면서 희망을 품어본다.

우리 아이들에게 내 첫인상은 어땠을까?

첫인상이 결정되기까지 걸리는 시간은 단 3초!

누군가를 처음 만났을 때, 몇 초 만에 첫인상이 결정됩니다. 그 사람의 얼굴을 보고, 느끼고, 표정과 생김새를 살펴보고, 이름 등의 정보까지 알고 나서 그 사람이 어떤 사람인지 해석하는 것입니다. 그 사람을 다시 만나면 그 중간 과정은 생략되고 처음 만났을 때 마지막 단계에서 해석된 정보로 그 사람을 대합니다. 그만큼 첫인상이 중요합니다.

첫인상은 아주 짧은 시간에 결정되지만, 바꾸는 데는 최소 60일이 걸린다고 합니다. 첫인상을 바꾸려면 첫인상보다 200배 이상의 강렬한 인상을 주어야 한다고 합니다. 그 정도의 인상이 주어지지 않는다면 첫인상이 지속된다는 말입니다. 이렇게 첫인상이 한 번 형성되면 새로운 정보를 받아들일 때도 그 틀을 기반으로 바라보기 때문에 첫인상이 나쁘면 그 나쁜 첫인상을 뒤집을 만한 기회조차 생기지 않을 수도 있습니다.

환대로 첫인상을 잡아요

상대방에게 좋은 인상을 주는 방법은 친절을 베푸는 것입니다. 새 학기 첫날 교실에 들어선 아이들에게 베풀 수 있는 친절은 무엇일까요? 바로 아이들을 격렬히 환대하는 것입니다. 아이들을 격렬히 환대하면 아이들에게 선생님은 자신을 따스하게 맞아주는 친절한 사람으로 첫인상이 남습니다.

"반가워. 어서 와."

"머리 모양이 바뀌었네. 잘 어울려."

"표정이 많이 어둡네. 무슨 일 있니?"

아이들은 우리 선생님이 친절한 선생님이기를 희망하고 선생님도 아이들에게 그런 선생님이기를 바랍니다. 매일 교실에 들어오는 아이들을 환대하는 것은 '친절한'이라는 인상을 만들어 주는 데 효과가 있습니다.

첫인상이 좋으면 그 외의 면들도 좋을 것이라 기대하는 '후광효과'로 이어집니다. 아직 알지 못하는 부분까지도 좋게 평가되는 것입니다. 그래서 선생님이 큰 소리로 혼을 내더라도 '우리 선생님은 친절한 사람이야. 선생님이 화를 냈을 때는 이유가 있을 거야'라고 생각합니다.

매일 수업 준비와 학교 업무로 바쁜데 환대하는 일까지 많은 시간을 내어야 한다면 너무 힘들지도 모릅니다. 하지만 매일 아침 단 몇 초만으로도 충분합니다.

환대받은 아이들은 환대받은 자신의 마음을 다른 친구에게도 전합니다. 좋은 기분을 싸움으로 표현하는 사람은 없을 테니까요. 그리고 그 환대는 돌고 돌아 교사에게, 부모에게 표현됩니다. 선생님의 절대적 환대는 결국 선생님에게로 다시 돌아오는 것입니다.

먼저 해주길 바라지 않고, 교실에 들어오는 모든 이에게 내가 먼저 인사하며 환대해 주세요. 지구라는 별에 도착해서 인생이라는 여행을 하게 된 아이들에게 가장 필요한 것은 바로 절대적인 환대입니다.

"안전하게 등교해줘서 고마워."

"창문을 열어서 교실의 공기를 상쾌하게 해주었네. 고마워."

"함께 공부하게 되어서 기뻐. 고마워."

환대는
사랑의 표현입니다

3월 15일

"안녕하세요."

"반가워요."

"보고 싶었어요."

교실 문을 열고 들어가면 먼저 온 아이들이 나를 반겨준다. 나중에 오는 아이들은 나와 먼저 온 아이들이 반겨준다. 반갑게 인사하고는 자기 할 일을 또 열심히 한다. 사랑스러운 우리 반이다.

"선생님, 선생님 반 애들은 선생님을 너무 좋아하나 봐요. 매일 저렇게 밝게 인사해 주네요. 저는 우리 반 교실 문 여는 게 겁나요. 너무 시끄럽거든요. 제가 교실에 들어가도 여전히 시끄럽게 떠들 뿐, 제게 먼저 인사도 안 해요. 도대체 비법이 뭐예요?"

비법? 비법이라면 비법이지. 나와 우리 반 아이들만 갖고 있는 비법.

마법 같은 일을 만들어 주니까.^^

교실 문을 열고 들어서는 순간부터 "조용히 해, 자리에 앉아, 장난 치지 마"라고 말해야 할 때가 있습니다. 옆 반은 조용히 앉아서 책도 읽고, 선생님이 들어오면 반갑게 인사로 맞아주는데 '우리 반은 왜 이럴까? 올해 우리 반은 나랑 안 맞아'라는 고민 섞인 투정을 해본 적 있으신가요?

옆 반 선생님이 특별한 활동을 하거나 학급 구성이 좋은 것도 아닌데, 유독 분위기가 좋고 아이들도 적극적이고 이상적인 '옆 반'을 경험해본 적 있을 것입니다. 과연, 무슨 비법이 있길래 우리 반은 되지 않는데 옆 반은 가능한 걸까요?

사랑을 표현해요

환대는 아이에 대한 사랑의 표현입니다. 3월의 교실에 필요한 것이기도 합니다. 교사의 환대를 받은 아이들은 친구들에게도 환대를 표현할 마음의 여유가 생깁니다. 그 마음의 여유는 돌고 돌아 교사에게도 수업 시간에도 표현이 됩니다.

환대는 사람과 사람 사이에 존재하는 가장 밝은 에너지를 발산하는 소통의 순간입니다. 아이들도 그 소통의 에너지를 즐길 수 있도록 환대할 수 있는 환경을 만들어 주어야 합니다.

매일 환대의 인사로 맞이하는 아침, 거기에 하나를 더해 우리 반만의 환대 행동을 정해보는 것은 어떨까요? 만났을 때는 '반가워'라고 말하며 하이파이브 하기, 손 하트 보내기, 손 흔들기, 헤어질 때 '잘 가'라고 말하며 손 하트 보내기, 두 손 흔들기 등 우리 반만의 환대 방법을 정하면 좋습니다. 이런 암묵적인 약속이 있으면 교사도 아이도 그렇게 할 준비를 하며, 자신이 환대받을 것이라는 기대와 믿음이 생깁니다. 그리고 환대를 반복해서 경험하면 '나는 소중한 사람이구나!'라고 자신을 믿고 사랑하게 됩니다.

교실에 들어설 때 환대를 받으며 에너지를 듬뿍 얻었다면 매시간, 하루하루 에너지로 가득 차게 됩니다. 교실 문을 나서는 그 순간에도 환대하면 환대의 에너지는 가정까지 이어집니다. '사랑합니다. 감사합니다'의 인사말과 함께 가정으로 감사에너지를 전하는 것입니다. 하교할 때도 선생님, 친구들과 환대하며 헤어지는 것이지요.

아이들의 존재 자체가 고마운 것입니다. 아이들의 일을 당연하지 않다고 생각하는 것이 사랑을 표현하는 시작이 됩니다. 아침에 등교하는 것, 수업을 하는 것, 무사히 학교생활을 마치고 하교하는 것이 고마운 것이 됩니다.

이런 고마움은 저절로 알고 느끼고 실천할 수도 있지만, 그 에너지를 높이고 전파하기 위해서는 '고마워'라는 말과 마음을 가르치는 것이 중요합니다. 당연하게 여기는 것이 아니라 너무나 고맙고 사랑스러운 존재임을 표현해야 합니다. 표현하고 또 표현해서 익숙해지면 그 에너지는 더욱 빛을 발합니다.

당연함을 고마움으로 바꾸는 말

"좋은 아침!" (하이파이브)

"오늘도 만나서 반가워."

"오늘 수업 시간에 집중해줘서 고마워!"

"오늘도 수고했어, 내일 다시 만나자. 고마워!"

하루를 여는
긍정 확언

3월 18일

매일 아침 아이들을 환대해 맞이한다.

"반가워." "어서 와." "고마워."

거울을 보면서도 연습한다. 웃는 얼굴도 다양하게 바꾸어 가면서 말이다. 나도 어색하다. 그래도 꾹 참아본다. 더 적극적으로 아이들을 환대하기 위한 것이니까.

하지만 생각대로 흘러가지는 않았다. 나의 열렬한 환대를 환대로 받아주는 아이들도 있지만, 여전히 시큰둥한 반응을 보이는 혜진이도 있다.

'그래! 어떻게 며칠 만에 아이들 모두를 내 편으로 만들겠어?

그래도 뭔가 방법이 있지 않을까?'

짝 활동을 해도 반 전체 미션을 줘도 혜진이는 반응이 없다. 재미있는 활동을 준비해도 반응을 별로 보이지 않았다. 혜진이가 마음을 열고 먼저 말 걸어주는 날이 오길 기다려 본다.

교실에는 제각각의 아이들이 있습니다. 교사의 말과 행동에 즉각적으로 반응하며 반 분위기를 이끌어가는 아이, 묵묵히 자기 할 일을 하는 아이, 말썽을 도맡아 부리는 아이 등 저마다 성향이 다릅니다.

매일 환한 미소로 교실을 긍정에너지로 채워주는 아이라도 어떤 날은 미소를 띠지 않을 수도 있습니다. 즐거운 마음으로 등교하는 아이들도 있지만, 짜증나고 화나는 마음으로 등교할 수도 있습니다. 이렇게 제각각인 아이들에게 매일 아침 긍정 확언을 하는 것입니다. 아침의 환대, 긍정 확언으로 아이들의 마음을 행복한 에너지로 채우는 것이지요.

긍정 확언은 간단합니다. 긍정적인 내용을 반복적으로 소리 내어 읽어보는 것입니다. 긍정 확언을 반복하는 것은 '나는 성공할 수 있고 행복을 누릴 자격이 있다'라고 믿도록 자신의 잠재의식에 긍정적인 메시지를 보내는 것입니다.

긍정 확언으로 긍정에너지를 채워요

하루를 시작하며 긍정 확언을 하면 교실의 에너지가 높아집니다. '나는 사랑받을 자격이 있습니다', '나는 내가 자랑스럽습니다' 등 스스로 공감할 수 있고 마음에 와닿는 확언을 선택합니다. 그리고 그 확언을 매일 반복합니다. 긍정 확언은 반복이 핵심입니다. 매일 아침 활동 시간에 긍정 확언을 함께 소리 내어 읽거나 자신의 긍정 확언을 공책에 적는 방법도 습관화하는 데 도움이 됩니다.

긍정 확언[2] 7가지와 활용 방법을 소개합니다.

오늘도 즐겁고 설레는 하루가 시작되었습니다.

나는 나를 있는 그대로 사랑합니다.

나는 용기가 있고 나를 믿습니다.

나는 배우는 것을 좋아합니다.

나는 나의 미래가 자랑스럽습니다.

고마워 교실의 친구들은 모든 것에서 감사함을 발견합니다.

고마워 교실 친구들은 '고마워'라고 소리 내어 말합니다.

7개의 문장을 아이들과 함께 소리 내어 3번 읽습니다. 그리고 2~3가지는 아이들이 스스로 자신의 성장을 위한 긍정문으로 만들어 추가

---

2 『고마워 교실』 양경윤 · 김미정, 쌤앤파커스, 2021

하는 것도 좋습니다. 그리고 그 문장도 소리 내어 읽도록 합니다. 아이들이 만든 문장을 매일 바꾸어 가며 생각을 만들어 갈 수 있게 해주세요.

긍정 확언 문장을 매일 아침 소리 내어 3번 이상 읽으면 긍정의 에너지가 가득 찬 하루가 시작됩니다.

긍정 확언은 선생님에게도 긍정의 에너지를 줍니다. 선생님이 공감하고 마음에 와닿는 확언을 선택하고 확언을 매일 반복하며 긍정의 에너지를 채워 보세요.

교실에 긍정에너지를 채워주는 말

"나는 사랑받고 행복합니다."
"나에게는 좋은 일만 일어납니다."
"나는 내 삶의 모든 것들에 감사합니다."

2장

환대가 있는
교실

환대의 마음으로 하는
'고마워 샤워'

4월 8일

한 달이 훌쩍 지났다. 매일 아침의 환대와 긍정 확언이 이제는 나도 아이들도 익숙해졌다. 힘든 날도 그냥 웃는다. 그러면 힘이 생기기도 한다. 그래도 힘들 땐 참 힘들다. 그런데 옆 반 선생님은 늘 분주해 보였다. 슬쩍 보니 뭔가를 계속 반복하는 듯했다. 궁금해서 결국 물었다. 헉! '고마워'를 하루에 100번 한단다. 100번이라고? 그게 가능한가?

아침에 아이들 맞이하면서 모두에게 고마워하면 28번, 수업 중에 음... 한 시간에 10번? 그럼 6교시까지니까 60번, 쉬는 시간, 점심시간까지 하면 어찌어찌 100번을 채울 수 있을 거 같기도 하지만, 하루 100번은 너무 많지 않나? 그냥 막 고마워! 하면 되는 건가? 하면 할 수는 있겠는데, 어떤 효과가 있는지 의문이 생겼다.

"사랑해."

"네가 최고야."

누구나 칭찬의 말을 들으면 기분이 좋아집니다. 그 말이 내가 가장 듣고 싶은 말이라면 더욱 긍정에너지가 올라갑니다. 아이들이 듣고 싶어 하는 말을 '고마워 샤워'[3]와 함께 해주세요.

새 학기가 되면 교사와 학생을 소개하는 시간을 갖습니다. 이때 아이들에게 자신이 가장 듣고 싶은 말도 함께 쓰게 합니다. 자기소개를 하고 나면 친구들은 그 아이에게 가장 듣고 싶은 말을 듬뿍 해줍니다. 선생님과 친구들의 환대로 첫날의 어색함과 두려움의 벽이 조금은 낮아질 것입니다.

'고마워'라는 말은 교사가 가장 먼저 그리고 많이 해야 합니다. 교사가 하루에 100번 이상 '고마워'를 말함으로써 학생들에게 고마움을 전하는 것입니다.

환대로 듬뿍 적셔주세요

'고마워'라는 말을 많이 들어야 아이들도 '고마워'라고 말할 수 있습니다. 고맙지 않은 상황도 있고 화가 날 때도 있습니다. 그래도 '고마워'라는 말을 소리 내어 말해 보세요. 고마워 에너지가 선생님의 마음

---

3   교사가 하루에 '고마워'라는 말을 100번 학생들에게 들려 주는 것

을 채울 것입니다.

'고마워'라는 말이 익숙해지면 아이들이 듣고 싶어 하는 말로 '스포트라이트 고마워 샤워'[4]를 해보세요.

교실 앞에 의자를 하나 두고 '스포트라이트 고마워 샤워'를 받을 학생이 그 자리에 앉습니다. 모든 친구가 돌아가면서 '~해서 고마워'라고 말해 줍니다.

"친구가 되어 주어서 고마워."

"친절하게 대해줘서 고마워."

친구가 '고마워'라고 해줄 때마다 '고마워'라고 대답하고 나머지 친구들은 박수로 에너지를 전합니다. 마지막에는 선생님이 아이들이 한 칭찬과 고마운 점, 교사가 생각하는 좋은 점 등을 마구 말해 주는 것입니다. '스포트라이트 고마워 샤워'가 끝나고 자리로 돌아갈 때도 고마운 마음을 담아 끝까지 박수를 쳐 줍니다.

학교에서 환대를 받은 아이들은 가정에서도 환대를 표현합니다. 친구들을 환대할 때처럼 가족을 대하는 아이들은 가정에서도 긍정의 에너지를 주고 받습니다. "친구들에게 '고마워 샤워'를 받았구나. 엄마에게 학교 이야기를 해주어 고마워"처럼 말이지요. 가정에서 환대를 주고받은 아이들은 다시 학교에서 친구들과 선생님을 환대하게 됩니다.

'스포트라이트 고마워 샤워'는 꼭 한 명이 나와서 하지 않아도 됩니다. 혼자 앞에 서는 것을 두려워하는 아이는 친구의 도움을 받을 수

---

4 한 명의 아이에게 친구들이 돌아가면서 '고마워 샤워'를 집중해서 해주는 활동

있어요. "함께 해줄 친구 나와주세요"라고 말해 주세요. 두세 명이 되면 아이들도 마음에 안정을 갖고 충분히 '스포트라이트 고마워 샤워'를 받을 수 있습니다.

'고마워 샤워'를 받는 순서는 선생님이 정하셔도 됩니다. 어떤 아이가 먼저 하면 좋을까요? 소극적인 아이보다는 적극적이고 활달한 아이에게 먼저 기회를 주는 것이 좋습니다. 부끄러워서 앞으로 나오지 못하는 아이들은 친구가 하는 것을 두세 번 보면 쉽게 참여할 수 있거든요. '스포트라이트 고마워 샤워'를 받는 것이 생각보다 긴장하지 않아도 되고, 샤워를 받는 사람의 역할이 '고마워'라고 답하는 것 외에 별다른 것이 없다는 것을 알게 되면 소극적인 아이도 참여할 수 있습니다.

교실의 긍정에너지를 높여주는 말

"우리 반이어서 고마워."
"글씨를 바르게 써줘서 고마워."
"그냥 너라서 고마워."

'고마워'가 주는
작은 성공의 경험

4월 10일

아이들의 동기를 부여하려고 칭찬통장을 활용했다. 일찍 등교하면 1점, 바른 자세로 앉으면 1점, 하루 한 번 이상 친구를 칭찬하면 1점···.

아이들은 칭찬통장에 열심히 점수를 모았다. 어떤 점을 잘했는지 기록도 하면서 진심으로 열심이었다. 매월 말이 되면 선물 바구니에서 칭찬 점수만큼 물건을 교환할 수 있었기 때문에 아이들은 점수 모으기에 관심이 많았다. 그런데 자기 점수 모으기에만 관심을 쏟는 것이 문제였다.

"이거 하면 몇 점 줘요?"

아이의 말에 숨이 턱 막혔다. 점수가 목표가 되어버린 칭찬통장? 뭔가 잘못되었다고 직감했다. 며칠 고민 끝에 그만두어야겠다고 아이들에게 말했다.

이제 칭찬통장을 하지 않는다. 일주일이 지났다. 별문제는 일어나지 않았다. 교실은 더 안정적이었다. 경쟁하려던 모습이 사라진 탓이었다. 칭찬통장이 없어도 우리 반은 언제나 배려하는 마음 가득했다. 칭찬 점수보다 더 좋은 친구들의 '고마워 샤워'가 있으니까 말이다.

칭찬통장. 지금은 칭찬스티커, 학급 온도계, 칭찬 오름판 등의 형태로 교실에 등장하고 있습니다. 칭찬통장 점수를 많이 모으면 명예의 전당에 올라가기도 하고 학급 온도계가 올라갈수록 아이들이 원하는 보상을 주기도 합니다.

글씨를 바르게 쓰는 아이도, 청소를 열심히 한 아이도, 수업 활동을 열심히 하는 아이도 모두 챙겨보고 명예의 전당에 올려주고 칭찬 상을 주기도 합니다. 많은 시간과 노력이 필요하지만, 아이들이 잘할 수 있도록 외적 동기를 부여하고자 했다면 좋은 방법일 것입니다.

칭찬 상 하나로 하루 종일 기분이 좋은 아이는 더 잘하려고 노력하고 친구에게도 그 에너지를 전합니다. 긍정의 에너지로 학급 분위기도 좋아지고 즐거움이 가득한 교실이 됩니다. 하지만 칭찬 점수를 더 받기 위해 경쟁에만 몰입하는 아이, 모둠 점수를 올리기 위해 모둠 활동을 독점하거나 소외되는 아이도 생겨납니다.

"칭찬 점수 안 받고 안 할래요."

"저 칭찬 점수 필요 없어요."

칭찬 점수를 받기 위해서만 노력하는 아이도 힘들지만, 그마저도 필요 없으니 대충하겠다는 아이도 있습니다. 친구들을 보며 자극도 받고 도전해 보라는 선생님의 의도는 아무런 의미가 없어 보입니다. 미리 포기해 버리는 아이를 보면 '또 다른 유인책을 써야 할까?' 하고 고민하게 됩니다.

잘하는 아이는 칭찬하고 부족한 아이는 독려하기 위해 시작한 칭찬 통장인데 자꾸만 외적 보상이 늘어만 갑니다.

"우리 반 수학 점수를 모두 90점 이상 받으면 자유시간을 줄게요."

"문제집 몇 쪽까지 풀면 핸드폰 1시간 하게 해줄게."

'~하면 ~해줄게'처럼 학생의 학습 과정에 조건을 달면 '외적 동기'만 강화될 뿐이지요.

고마워! 수고했어!

운동을 좋아하는 아이, 게임을 좋아하는 아이, 책 읽는 것을 좋아하는 아이가 있습니다. 누가 시켜서 하는 것일까요? 자신이 좋아하기 때문에 운동도 하고 게임도 하고 책도 읽는 것입니다. 환대가 있는 교실에는 아이들이 '좋아서' 하는 무언가가 있습니다. 교실과 가정에서 환대받는 아이들은 내적 동기만으로도 동기부여가 됩니다.

'~하면 ~해줄게'처럼 성취에 대한 보상을 기대하는 것이 아니라

'고마워'라는 말을 통해 스스로 해내려는 힘을 발휘하게 되는 것이지요. 다른 사람으로부터 '고마워'라는 말을 많이 듣는 아이는 작은 기쁨을 경험하게 됩니다. 그 경험이 긍정의 에너지가 되는 것은 당연합니다. '고마워'라는 말을 통해 작은 성공의 경험이 쌓인 아이는 수업에서도 드러납니다. 스스로 할 수 있다고 믿기 때문이지요. 예전 같으면 금방 포기해 버릴 문제를 풀기 위해 낑낑거리며 애쓰게 됩니다.

아이의 행동을 관찰하고 바람직한 행동에 대해 그 과정을 칭찬해 줍니다.

"오늘도 스스로 문제를 풀었구나. 고마워."

"수업 종이 울리니 앉아서 교과서를 준비했구나. 고마워."

자신의 좋은 행동에 관심을 가지고 매일 꾸준히 관찰하는 선생님이 있다는 것만으로도 사랑받고 있다고 느끼게 됩니다.

아이 스스로 할 수 있게 하는 말

"고마워!, 수고했어!"
"덕분에 실수한 것을 바르게 고칠 수 있었어. 고마워!"
"어려운 문제인데 끝까지 풀려고 노력했구나. 고마워!"

기대와 믿음으로 사로잡는
아이의 마음

4월 20일

영선이는 작년 담임선생님한테 주의 사항을 전해 받은 아이였다. 선생님이 하는 말마다 '싫어요'를 달고 산다고 했다. 3월 2일 처음 본 영선이는 작년 담임선생님이 전해 주신 것보다 더했다. 작년 담임선생님이 정말 좋은 분이었다는 생각이 들었다. 영선이가 '싫어요'라고 할 때 할 수 있는 활동을 제시하면 그래도 하는 시늉은 한다고 했는데 내 말은 도무지 들을 생각을 안 했다. '내가 더 싫은가?' 이런 생각을 하다 그 아이를 보는 내 시선을 아이도 느끼지 않았을까, 하는 생각을 했다.

영선이한테도 매일 '고마워'라고 환대해야 하는데 생각처럼 쉽지 않아 제대로 하지 않았다. 하는 둥 마는 둥. 아이도 느꼈을 것이다. 미안한 마음이 들었다. 영선이의 마음을 사로잡는 방법을 찾아야겠다.

'네가 그러면 그렇지.'

'사람이 갑자기 바뀔 리가 없지.'

아이들을 대할 때 이런 마음이 들 때가 있습니다. 웬만해서는 그 아이에 대한 생각이 잘 바뀌지 않습니다. 사람에 대한 부정적인 인식이 잘 사라지지 않는 것을 '낙인효과'라고 합니다. 만약, 선생님이 한 아이를 좋지 않은 시선으로 본다면 당사자인 아이도, 교실의 다른 아이들도 그것을 직접 또는 간접적으로 느낄 수 있습니다. 그런데 이 낙인효과의 더 위험한 점은 낙인이라는 시선을 받게 되는 그 아이는 시간이 지날수록 스스로가 그렇다고 믿게 된다는 것입니다.

이와 반대로 스스로 '난 대단하고 멋있는 사람'이라는 말을 계속 들으면 그런 아이로 바뀌어 갑니다. 이렇게 사람의 마음을 움직여서 실제 행동으로 만드는 방법을 '레테르 효과'라고 합니다. 칭찬을 많이 듣고 자란 아이가 비난을 듣고 자란 아이보다 밝고 유연성이 있어 더 많은 것을 이루어 낼 가능성이 크다는 것이지요.

영국의 총리 윈스턴 처칠은 부하직원이 실수하지 않기를 원할 때는 '자네는 꼼꼼하게 일을 잘하는군' 대담하게 행동하길 원할 때는 '자네 얼굴에 용기가 넘치는군'이라고 말하며 자기 생각대로 부하직원을 움직였다고 합니다.

아이들에게 긍정적인 생각과 행동을 기대한다면, 선생님의 긍정적인 말과 행동이 우선되어야 합니다.

마음을 사로잡는 레테르 효과

매일 지각하는 아이에게 '너는 원래 시간을 잘 지킬 수 있는 사람이야'라고 계속 인식시켜주면 그 아이는 시간을 잘 지키는 아이로 바뀔 것입니다. 일종의 암시 효과이지요. '나쁜 일이 벌어질 것이다'라고 예상하면 그대로 나쁜 일이 벌어지고 '좋은 일이 생길 거야'라고 믿으면 실제로 성공으로 이어지도록 무의식이 작용합니다. 매일 아침 긍정 확언을 하는 이유도 바로 이것입니다.

'책상을 스스로 정리했구나. 너는 정리를 잘하는구나'라는 말을 들은 아이는 앞으로 책상을 잘 정리할 것입니다. '수업 시간에 바른 자세로 발표하는구나'라는 칭찬은 그 아이를 발표 왕으로 만들지도 모릅니다.

칭찬을 많이 받고 자란 아이는 칭찬을 계속 받고 싶어 합니다. 다른 사람들이 좋아할 만한 행동을 찾아서 하려고 애씁니다. 쓰레기를 주워 칭찬받았다면 쓰레기를 찾아 줍고 "선생님, 오늘 쓰레기 이만큼 주웠어요"하고 보여주기도 합니다. 같은 행동을 반복하면서 그럴 때마다 관심과 칭찬을 받기를 바랍니다.

또한, 아이는 쓰레기를 줍지 않으면 선생님이 실망할까 봐 계속 신경을 쓰게 되기도 합니다. '너는 쓰레기를 주워서 교실을 깨끗하게 만들 수 있는 아이야' 하는 것은 전달되었지만, 아이의 집착을 만들어 낼 수도 있습니다. 이럴 때는 자신을 위한 긍정 확언을 함께 하면 좋습니다. '나는 교실을 위해 애쓰는 소중한 사람입니다. 그런 내가 자랑스럽습니다'처럼 말입니다.

아이의 행동을 교정하고 싶을 때도 레테르 효과를 활용해 보세요.

A : 일찍 등교하는 걸 보니 아주 성실하구나. 그런데 준비물을 챙겨
　　오지 못했구나. 하지만 다음에는 잘 챙겨올 수 있을 거라 믿어.
B : 준비물을 잘 챙겨오지 못했구나. 그래도 일찍 등교하는 걸 보니
　　성실하구나. 다음에는 잘 챙겨올 수 있을 거야.

두 개의 문장은 순서만 바뀌었을 뿐인데 A가 B보다 성실한 아이일
것이라는 생각이 듭니다. 먼저 나온 단어나 문장이 우리의 판단에 영
향을 미치기 때문입니다. 아이에게 B보다 A처럼 말해 주면 자신은 원
래 성실한데 이번에만 준비물을 챙기지 못한 것이니 다음에는 꼭 잘
챙겨야겠다고 다짐하게 된다는 것입니다.

긍정에너지를 끌어내는 말

"너는 친구의 이야기를 참 잘 들어 주는구나."

"다른 사람과 함께 있을 때 기분 좋게 해주는구나."

"너희는 행복한 사람이야."

"너희는 언제나 자신을 믿고 행동하는구나."

스스로 환대하는
용기와 자신감

5월 15일

스승의 날이다. 예전에는 '스승의 날' 노래도 부르고 카네이션도 달아

드렸다. 작년 담임선생님, 올해 선생님께 편지 쓴다고 애먹기도 했다.

요즘은 그렇지 않다. 내가 교사가 되고 나서는 그런 정성이 담긴 편지를

받은 기억이 거의 없다. 왜 이렇게 씁쓸하지?

좀 더 좋은 교사가 되어야겠다고 나를 다잡던 초임 시절이 생각났다.

선생님. 先 먼저 生 태어난 사람. 학생들을 가르치는 사람.

아이들이 좋았고 가르치는 것이 좋아서 교사가 되었는데 오늘 같은 날

에는 '내가 왜 교사가 되었을까?' 하고 의문이 생긴다.

나도 사람이고 누군가에게 사랑받고 싶은 마음이 있구나!

스스로 말해 본다. '충분히 의미 있는 일을 하고 있어. 축하해. 고마워.'

"우리 아이에게 왜 그랬는지 물어보셨나요?"

"○○이가 다쳤는데 선생님은 뭐 하셨어요? 서운해요."

"작년에 선생님은 해주셨는데…."

"우리 아이가 조금 별나긴 하지만 선생님이 우리 아이만 너무 혼내시는 것 아닌가요?"

아이들을 사랑하고 늘 아이들이 우선인 교사의 마음에 상처를 주고 힘을 쭉 빼버리는 일이 많습니다. 그나마 마음을 알아주지 않는 것까지는 이해할 수 있지만, 오해를 받게 되면 그동안 노력한 것이 모두 부정당하는 것 같아 억울하기까지 합니다. 일일이 설명할 수도 없고 난감할 때도 있습니다.

최상길의 『교사의 사계』에는 설렘에 아이들을 만나는 봄, 쑥쑥 성장하는 여름, 함께 결실을 맺는 가을을 지나 헤어지는 겨울까지 일 년 동안의 이야기가 담겨 있습니다. 일 년 농사. 교사에게 딱 맞는 표현입니다.

일 년 농사를 위해 피땀 흘리지만, 원하지 않은 상황을 맞을 때도 있습니다. 매년 반복되는 시간 속에서 교사는 경험을 쌓아가지만, 학부모와 우리 아이는 매해 그 학년이 처음입니다. 교사로 산다는 것은 변하지 않는 그들과 급격히 변하는 시대를 온전히 마주해야 하는 몹시 어려운 일입니다. 하지만 힘든 여건에서도 꿋꿋하게 견디고 있는 선생님들이 있기에 우리 교육이 이만큼 성장했습니다.

스스로 행복해져요

더 많은 선생님이 행복하면 좋겠습니다.

'교사가 행복해야 학생이 행복하다'라고 합니다. 하지만 학생의 행복을 위해 교사가 행복해야 하는 것은 아닙니다. 학생의 행복을 위해 교사는 희생해야 하는 존재가 아닙니다. 함께 성장해가는 교육공동체의 일원이기에 함께 행복해야 하는 것입니다.

교사로 살아간다는 것은 매 순간 기쁨과 슬픔, 성취감과 두려움, 평정과 격정이 함께 오가는 일입니다. 그러니 열렬히 환대하세요.

'교사라서 행복해.'

'내가 행복하니 너희도 행복할 거야.'

스스로 그리고 서로서로 환대해 주세요. 선생님이 행복하면 좋겠습니다. '왜 나는 내세울 게 없을까?', '나는 특별한 학급경영의 방법이 없어'라고 생각하나요? 옆 반 선생님과 비교하지 말고 아이들 앞에 서 있는 선생님의 모습을 떠올려 보세요. 선생님은 그 존재만으로도 환대받아야 하며 특별한 존재입니다. 앞에서 환대는 사랑의 표현이라고 했습니다. 사랑한다는 말을 자신에게 해주세요. 옆 반 선생님의 안부를 묻고 존재 자체를 인정하는 환대의 말을 전해보세요. "선생님, 옆 반이라서 정말 감사해요."

우리는 어떤 사람은 나의 세계로 받아들이고 어떤 사람은 나의 세계에 발을 들이는 것을 싫어하거나 밀어내기도 합니다. 하지만 우리는 모두 연결되어 있습니다. 그렇기에 더 서로의 존재를 인정하고 서로 환대할 용기가 필요합니다.

선생님 스스로 환대할 용기와 자신감을 가지세요.

교사 스스로 행복해지는 말

"즐거운 마음으로 아이들과 마주해야지."

"나는 너희들 덕분에 행복해, 고마워."

"나는 교사라서 행복해."

2부

긍정의 에너지로
자라는 아이들

3장

아이들의
긍정에너지 깨우기

집착하는 아이에게
공존의 의미를 알려주세요

3월 20일

자기 것에 대한 애착이 분명한 것 같지만, 정작 정리하거나 아껴 쓰는 일에는 무딘 우리 아이들.

책상이 늘 지저분한 민기가 울분을 토했다. 자기 자리에 다른 친구가 허락도 없이 앉았다는 것이었다. 다른 아이들은 자기 자리에 앉아도 그런 반응을 보이지 않는데, 민기에게는 무엇이 문제가 되는 걸까? 친구가 싫은 걸까? 자기 자리에 대한 침범이라고 생각하는 걸까? 무시당했다고 생각하는 걸까?

아이들은 원래 자기중심적이고 이기적인 성향이 있다고는 하지만 유독 자기중심적 사고가 강한 아이가 있습니다. 양보를 모르는 이기적인 아이, 배려하지 않는 아이, 친구들과 함께하는 것을 불편해하는 아이도 있습니다. 이기적인 성향이 있는 대부분의 아이는 물건 하나, 사소한 행동 하나에 너그럽지 못한 경우가 많습니다. 절대 자신의 것을 사용하지 못하게 하거나, 동의 없이 쓰면 화를 내며 어쩔 줄 몰라 하는 집착의 성향을 나타내기도 하지요.

집착은 어떤 것에 얽매여 마음이 계속 쓰이는 것을 말합니다. 아이들은 자신의 자리, 물건, 발표, 친구에게 집착하는 모습을 보이기도 합니다. 이런 아이들을 보면 '그게 뭐라고?' 하는 생각이 들면서 답답한 마음이 생깁니다. 교사의 눈에는 별로 중요하지 않은 것들이라 더 그렇게 느낄 때도 있습니다.

어떤 것에 계속 마음을 쓴다는 것은 원하는 목표가 분명하다는 긍정적인 의미도 있습니다. 하지만 교실에서 집착 행동을 보이는 아이는 주변 상황을 고려하지 않기도 하고, 친구와 계속 부딪히기도 합니다. 아이와 관계를 맺고 있는 여러 사람이 곤란을 겪게 되는 것입니다. 아이의 신경 쓰이는 마음을 인정하면서 관계를 좋게 할 수는 없을까요?

공존의 의미를 통해 집착을 줄일 수 있어요

공존이라는 말에는 '함께'라는 의미가 있습니다. 우리가 학교에서 함께하는 존재는 학생, 학부모, 동료 교사, 지역공동체 등이 있습니다. 그리고 함께 사용하는 교실이라는 장소도 있지요. 우리 반이 되는 순간 교실이라는 장소에 대한 책임과 관리의 의무를 함께 가집니다.

코로나19로 인해 네모반듯한 교실에 비대면 교실이 추가되었습니다. 코로나19 탓에 아이들은 몇 년 동안 모두 다른 장소에서 온라인으로 연결된 교실에서 만났습니다. 각자의 공간에서 공유, 배려, 나눔 없이 학습하다가 대면 수업이 주가 된 지금은 교실에서 친구와 함께 활동하고 학습해야 합니다. 나눔과 배려, 공유가 없는 활동에 익숙한 아이들에게 나눔과 배려, 공유마저도 학습의 요소가 되어버렸습니다.

"같은 반이니까 네 자리에 다른 사람이 앉을 수도 있어. 자리 바뀌면 네 책상이 아니라 다른 사람이 쓰는 책상이야"라고 말해도 좋지만, 자리에 누가 앉아도 아무렇지 않은 경험을 쌓게 하는 것이 필요합니다.

수업 구조에서 짝 활동을 할 때 자리 바꾸기를 활용하면 좋습니다. 처음에는 아이들의 투정이 심심찮게 들려오기도 하겠지만, 몇 번 해보면 아이들은 분명 달라집니다. 아이들은 눈치채지 못하지만 익숙해지고 나면 누가 내 자리에 앉아도 화가 나지 않는 그런 마법이 일어납니다.

발표에 대한 집착도 마찬가지입니다. 한 시간에도 몇 번씩 손을 들고 기회를 얻지 못하면 수업을 방해하는 아이도 있습니다. 발표를 통해 자신을 드러내며 인정받고 싶은 것입니다. 이럴 때면 관계가 불편해지는 상황이 생기기도 하고 아이도 힘들어 보여 안쓰럽습니다.

"짝 대화로 먼저 이야기를 나누고 우리 반 전체 공유해 봐요."

"다른 친구들도 발표할 수 있게 기회를 줄 수 있겠니? 친구와 생각이 다르다면 다시 발표할 기회를 줄게. 친구의 생각도 들어보자."

집착하는 아이에게 고집을 피워도 안 되는 것이 있다는 것을 알려줄 필요도 있습니다. 자기만 발표하려고 하거나 모둠에서 자신이 하고 싶은 활동만 할 때는 일관성 있게 안 된다는 것을 알려주어야 합니다.

함께 무엇인가를 할 수 있다는 경험으로 한곳으로 쏠리는 마음의 끈을 느슨하게 할 수 있습니다. 이런 경험은 반복적인 연습으로 익숙해지는 것이 필요합니다. 친구가 언제든 내 자리에 앉을 수 있고, 발표 기회를 나 혼자 독차지하는 것보다는 서로 이야기를 듣는 것이 더 가치 있음을 알게 될 때 아이들은 공존의 의미를 이해하기 시작합니다.

'함께'의 힘을 키우는 말

"우리 같이하면 어떨까?"

"친구에게 기회를 주니 무척 고맙구나. 생각이 다르면 언제든 추가해서 말할 수 있어."

"덕분에 협력이 잘 되었구나. 고마워."

"모둠 활동을 할 때는 역할을 번갈아 가며 해야 해. 원하는 활동만 할 수는 없단다."

"네가 이번에 원하는 역할을 했으니 다음 활동할 때는 다른 친구에게 그 역할을 양보할 수 있지? 고마워."

집착에서 벗어나려면
용기가 필요해요

4월 7일

민기 어머니가 또 문자 메시지를 보내셨다. 오늘도 결국 이기지 못했고 집에서 이제 막 나갔으니 학교에도 좀 늦을 것이라는 내용이다.

얼마 전부터 민기가 자꾸 장난감을 학교에 가져오는데, 수업 시간에도 내내 만지작거리고 손에서 놓지를 못한다. 장난감은 가져오지 않는 게 규칙이니 가져오지 말라고 당부도 해보고 어머니께도 도움을 요청했지만, 어머니도 민기의 고집을 꺾지 못해서 이렇게 문자 메시지를 보내는 것이다.

장난감을 억지로 뺏으면 울고불고 난리를 쳐서 오히려 더 큰 방해가 되어 결국 못 본 척 내버려 두는데 다른 아이들이 따라 할까 봐서 걱정이다. 어쩌면 좋을까?

장난감이나 새 학용품, 간식 같은 것을 자주 학교에 가져오는 아이들이 있습니다. 주로 관심을 끌기 위한 도구로 활용하는데, 사회성이 덜 발달한 경우에 이런 도구를 활용하여 관계를 맺으려는 모습이 자주 보입니다.

보통 장난감이나 물건을 꺼내면서 주변의 관심을 끌고 친구들이 몰려들게 하거나 놀이에서 활용하여 자신이 중심이 되게 하는 정도로 이용합니다. 처음에는 매우 관심을 갖고 부러워하면서 주변으로 친구들이 몰려들지만, 어느 정도 시간이 지나면 인기와 관심은 시들해지고 맙니다. 그러면 관계 구도도 제자리로 돌아가기 때문에 친구들이 신기해하고 관심 있어 하는 장난감이나 물건을 활용해서 '중심'을 맛보았던 아이는 점차 물건의 도움 없이도 관계의 중심으로 나아가는 방법을 익혀나가야만 합니다.

그런데 이렇게 관계 형성을 위한 도구로만 활용하는 정도가 아니라 온종일 손에서 놓지 못하고 거기에 온 마음을 쏟는다면, 그것은 집착입니다. 집착은 중독과 유사해서 분리와 절제가 어렵습니다.

아이가 수업 시간에도 장난감을 손에서 놓지 못하고 계속 만지작거리며 가지고 논다면 선생님은 어떻게 하나요? 이때 선생님의 목소리와 말투, 표정은 어떤가요? 다정함이 없는 표정과 말투로 아이들을 대하게 됩니다.

"장난감 서랍에 넣으세요!"

"또 서랍에서 꺼냈네요. 안 되겠습니다. 가방에 넣으세요!"

"마지막 경고입니다. 다음번에 또 선생님 눈에 띄면 선생님이 보관

하겠습니다!"

집착에서 벗어나려면 내려놓을 수 있는 용기가 필요해요

　장난감을 잠시도 손에서 놓지 못한다는 것은 불안하다는 뜻입니다. 공부하기 싫다거나 선생님께 반항하겠다는 뜻이 아닙니다. 이런 아이에게 선생님이 크고 엄한 목소리와 노려보는 표정으로 명령하신다면 두려움만 더 커질 뿐입니다. 선생님이 의도한 행동으로 아이를 이끌기 위해서는 꾸중과 비난이 아니라 불안과 두려움을 이겨낼 용기가 필요합니다.

　먼저, 안심할 수 있는 환경을 마련해 주세요.

① 익숙하고 편안하게 느끼는 대상이 필요합니다. 그 대상이 선생님이면 가장 좋지만, 친구 중에 그런 대상이 있다면 가까이에서 도움을 주도록 할 수 있습니다.

② 다음 상황을 예측할 수 있도록 미리 알려주세요. 예측할 수 없는 상황은 불안을 증폭시킵니다.

③ 스스로 선택한 것에 대해서는 책임감을 느낍니다. 선택할 수 있도록 유도해 주세요.

"지금부터 짝끼리 서로 얼굴 그려주기를 할 거란다. 제일 좋아하는 색 하나를 골라 짝의 얼굴을 그릴 거야. 그런 다음 게시판에 그림을 붙일 거야. ○○이가 네 옆에서 같이 하겠대.① 그리고 그때까지는 우리 모두 교실에 있을 거야.② 그동안 장난감은 서랍에 넣어두는 게 좋을까, 가방에 넣어두는 게 좋을까? 네가 선택해 봐.③"

도움을 줄 사람이 누구인지 알고, 어떤 순서로 일이 진행되는지 알려주어 아이의 불안함을 줄일 수 있습니다. 아이는 선뜻 선택하지 못할 수 있어요. 계속해서 용기와 힘을 주는 말을 해주세요. 부드러운 목소리와 친절한 태도를 유지하면서도 단호하게 말할 수 있습니다. 선생님이 자신을 믿고 있으며 용기를 준다는 것을 느낀다면 서서히 불안을 떨쳐낼 수 있습니다.

용기를 내게 하는 말

"오늘도 건강한 모습으로 학교에 왔구나. 고마워!"
"장난감을 계속 만지면서 공부할 수는 없다는 걸 너도 알지?"
"오늘 국어 시간에는 수수께끼 놀이를 할 거야. 장난감이 없어
　도 충분히 재미있을 거야. 네가 잘할 수 있을 것 같아."
"힘들 때는 선생님에게 신호를 보내줘. 얼른 도와주러 갈게."

무기력한 교실을
기쁨으로 채워요

4월 19일

벌써 4월도 반 이상 지났다. 교실 문을 빼꼼 들여다보고 내가 있는 걸 확인한 작년 우리 반이었던 아이가 "안녕하세요" 하고 큰소리로 인사를 해주고 간다. 정신없는 3월 이것저것 바쁘게 지내느라 아이들도 분위기에 적응하느라 바빴는지 무척 조용하고 차분해서 참 좋았다.

그런데 수업에서도 그런 모습이라 너무 재미가 없다. 반응이 없으니 답답하기까지 하다. 작년 애들은 맨날 내 옆에서 쫑알쫑알, 시끄럽다고 뭐라 해도 선생님 좋다며 웃고 장난쳐서 수업하는 나도 재미있었는데 이번 우리 반은 아니다. 작년 아이들이 그립다.

옆 반 선생님이 우리 반은 조용해서 좋겠다고 부럽다고 하지만 난 무기력한 우리 반이 걱정된다. 매사에 의욕이 없고 자신감 없는 아이들을 어떻게 대해야 할까? 올해 우리 반 아이들은 발표도 잘 안 하고 뭔가 해보자고 하면 매번 못한다고만 한다.
어떻게든 재미있게 해보려고 수업을 준비하는데 아이들의 그런 모습에 한숨만 나온다. 어떻게 하지?

"원래 잘 못 해요."
"아무것도 하고 싶지 않아요."
"하기 싫어요."

잘하지 못하니 아무것도 하지 않겠다는 아이, 침묵으로 일관하는 아이도 있습니다. 그런 아이를 보면 왜 아무것도 하지 않으려 하는지 그저 답답할 뿐입니다. 하지만 의욕 없게 들리는 이런 말이나 침묵은 자신이 스스로 해결할 수 없으니 선생님이나 친구들에게 도움을 달라고 요청하는 것입니다. 이런 아이들에게 단순히 '뭐든지 하면 된다'라고 노력을 요구하면 그것을 따를 수 있을까요? 아이는 할 수 없는 것을 하라고 하니 더욱 답답해질 것이고, 선생님은 더 노력해 보라고 했는데도 아무런 변화가 없으니 실망스럽습니다.

무기력하고 소극적인 아이들은 새 학년 새 학급에 적응하는 데 시간이 오래 걸립니다. 아직 익숙하지 않은 환경에서 잘하지 못하는 것을 해야 하는 아이들의 마음은 어떨까요? 실수나 실패했을 때 돌아오는 비난이 클수록, 그런 경험이 많을수록 무기력해지고 소극적인 아이가 됩니다. 이런 아이들에게 필요한 것은 무엇일까요?

기쁨의 울타리를 만들어 주세요

마카타 신지의 『틀려도 괜찮아』에는 '틀려도 괜찮아. 함께 생각하면서 정답을 찾아가는 거야. 그렇게 다 같이 자라나는 거야'라는 문장이 있습니다. 우리 반에도 틀려도 괜찮다는 안전한(물리적인 것은 물론 심리적으로도) 울타리를 만들어 주세요.

마음껏 도전하고 실수하거나 틀려도 괜찮아지려면 무엇이 필요할까요? 실수해도, 틀려도 나를 이해하고 믿어 줄 친구와 선생님이 있다는 기분 좋은 경험이 필요합니다. 틀린 답을 말한 아이에게 "괜찮아. 다시 생각해 보고 말해 볼까?"라고 말했을 때 하하하 웃으며 "틀렸나요? 그럼 다시 생각해 볼게요"라고 말할 수 있는 기분 좋은 경험을 주는 것입니다.

힘든 일을 마주해도 긍정적인 태도를 지속할 수 있는 기쁨의 힘을 아이들에게 전해 주세요. 맨날 문제도 틀리고 내용도 어려워서 수학이 싫다고 하는 아이가 수학 문제를 하나도 풀지 못해도 "수학 시간에 자리에 앉아서 수업을 함께 들어주어서 너무 기뻐"라고 말해 주세요.

무기력한 교실을 기쁨의 에너지로 채워 나간다는 것은 어려운 일입니다. 하지만 선생님의 끊임없는 시도와 반복되는 노력이 결코 무의

미한 것은 아닙니다.

콩나물시루에 물을 주면 그대로 아래로 줄줄 물이 흘러 내리지만, 콩나물은 그 물을 먹고 자랍니다. 물론, 시루 안에는 튼튼하게 잘 자라는 콩나물과 그렇지 못한 것도 있습니다.

우리 아이들도 마찬가지 입니다. 무엇이든 스펀지같이 흡수를 잘하는 아이는 교사가 조금만 변화를 보여주어도 금방 효과를 보이지만, 더 많이 보듬어야만 하는 아이도 있지요. 선생님에게 주어진 일 년 동안 변화를 볼 수 없을지도 모릅니다. 하지만 선생님의 "괜찮아. 다시 발표해 볼래?", "다시 말해줘서 고마워"라는 말은 잘 자라지 못하는 콩나물에 한 방울의 물과 같을 것입니다.

아이들이 무언가를 하려고 노력하거나 침묵으로 있던 아이가 작은 목소리라도 말을 할 때 칭찬과 환대의 마음으로 긍정에너지를 듬뿍 전해 주세요.

기쁨을 주는 말

"바른 자세로 앉아 수업을 들어주어서 정말 고마워."
"함께 수업할 수 있어서 너무 기뻐."
"덕분에 틀린 문제를 다시 보고 풀어 볼 수 있었어. 고마워."
"괜찮아, 다시 생각하고 도전할 기회를 얻었어."

누구도 소외되지 않게
'함께'를 경험해요

6월 11일

학기 초에 학습 약속, 공책 정리 등의 연습에 시간을 많이 쏟은 덕분에 이제는 수업 시간이 좀 안정된 것 같다. 우리 반 수업의 루틴이 생겼달까? 후훗!

그런데 요즘 내 고민은 혜진이다. 아직 구구단도 외우지 못하고 글도 더듬거리면서 읽는 수준이니 학습의 속도를 따라올 수가 없다. 일상의 대화는 곧잘 하는데 수업 시간에는 엉뚱한 발표만 하거나 죄다 틀린 대답뿐이다. 매번 답이 잘못되었다고 말해 주는 것도 조심스럽다. 매일 방과 후에 한 시간씩 남아서 공부하고 있지만 늘 제자리걸음이다. 다행히 7월부터는 국어와 수학은 기초학력에 대한 지원을 받을 수 있게 되었는데, 그렇다고 해도 언제 또래만큼의 수준이 될는지 모르겠다.

국어, 수학을 제외한 다른 시간에는 친구들과 같이 수업해야 하는데 매 시간 다른 걸 할 수 있도록 준비하는 것도 에너지가 너무 많이 들어서 힘들다. 친구들과 교류하지 못하고 혼자만 다른 공부하는 것도 걱정이다. 게다가 실질적으로 도움이 되는지도 의문이다.

아동 정신과 의사이자 의료 소년원에서 일하는 미야구치 코지는 『케이크를 자르지 못하는 아이들』에서 '인지 기능'이 떨어져 일상생활에서 어려움을 겪는 아이들이 전체 아동 인구의 약 14%에 달한다고 말합니다. 이 책을 감수한 아동심리학자 박찬선 박사에 따르면, 한국도 일본과 비슷한 비율의 아이들이 인지 기능 문제를 겪고 있다고 합니다. 학급에 20명이 있다면 3명이 이런 문제에 놓여 있는 셈입니다.

인지 기능이 약한 대다수 아이는 보고 듣고 상상하는 힘, 감정 제어 능력, 융통성, 적절한 자기 평가, 관계 맺는 능력, 신체 운동 기능이 부족하거나 약합니다. 그래서 의욕이 없고, 집중력이 떨어지고, 사회성이 부족하고, 손이 많이 가는 아이가 되는 것이지요.

코지 박사는 학부모나 교사가 이것을 모르고 지나치는 것도 문제이지만, 칭찬해서 자존감을 높인다거나 야단을 쳐서 바로잡으려는 잘못된 해결책이 더 큰 문제라고 말합니다. 잘하는 것보다는 부족한 부분에 관심을 기울이고 잘할 수 있도록 능력을 키워주라고 조언합니다.

문제는 부족한 부분의 능력을 키워주는 일이 너무나 어렵다는 것입니다. 더구나 수업 중에 이렇게 조력하는 일은 더 힘듭니다. 학급 친구들과의 실력 차이가 현저하다면 과제의 난이도를 조절한다고 해결되는 수준이 아닐 테니까요.

짝과 함께 공부하면서 자신에게 맞는 배움을 얻을 수 있어요

'근접발달영역'으로 유명한 비고츠키의 이론에 따르면, 개인의 인지발달은 공동체 안에서 학습자의 언어적 교류와 사회적 상호작용을 통해 이루어집니다. 이때 교사, 부모 등 성인이나 자기보다 능력이 높은 또래와의 상호작용은 발달에 매우 중요한 영향을 미칩니다. 비고츠키가 말하는 '근접발달영역'은 아이 혼자서는 해결할 수 없지만, 성인이나 유능한 동료와 함께하면 성공할 수 있는 영역입니다.

그리고 근접발달영역은 '모방과 협력'에 의해 창출된다고 합니다. 그래서 비고츠키의 교육학에서는 '관계'와 '상호작용'을 가장 중요하게 생각합니다. '전체는 부분의 합보다 크다'라는 철학적 원리가 학습 상황이나 발달적 과정에도 적용되는 것입니다.[5]

양경윤은 『교실이 살아 있는 질문 수업』과 『하브루타 질문 수업에 다시 질문하다』에서 비고츠키 교육학의 철학을 잘 반영한 '짝 이동 질

---

5 『관계의 교육학, 비고츠키』, 진보교육연구소 비고츠키교육학실천연구모임, 살림터, 2015

문 수업'을 소개합니다. 이 수업에서는 짝끼리 책도 번갈아 읽고, 질문을 함께 만들고 대답을 주고받으면서 또래와의 상호작용이 일어납니다. 그 과정을 통해 근접발달영역을 창출하고 자신의 속도에 맞는 발달을 이루어갑니다.

- 짝 : 무임승차도 소외도 없는 가장 작은 '관계'의 단위
- 이동 : 친구의 다양한 생각을 만나기 위해
- 질문 : 자신에게 필요한 의미, 자신의 위치를 알게 하는 도구

'짝 이동 질문 수업'에서는 모두가 짝과 이야기 나누며 학습하기에 배움의 도달점은 다를 수 있지만, 배움이 일어나지 않는 학생은 없습니다. 기초학력 수준이 낮거나 이해 속도가 더딘 학습자도 자신의 근접발달영역 내에서 발달하게 됩니다.

함께할 수 있게 돕는 말

"짝과 번갈아 가면서 소리 내어 책을 읽어 보세요."

"짝과 함께 질문을 만들어 보세요."

"알게 된 내용을 짝에게 설명해 주세요."

"짝 이동하겠습니다. 함께 활동한 짝에게 하이파이브 하면서 '고마워!' 인사하고 이동하세요."

과장하는 아이는
인정이 필요해요

6월 20일

쉬는 시간의 끝을 알리는 종소리가 들렸다. 매일 하루에도 몇 번씩 듣는 소리지만 늘 아쉽기만 했다. 아이들도 들어오며 벌써 끝났다고 온몸으로 표현하는 게 무척 귀여웠다. 혼잣말처럼 '나도 그래' 하고 말해 주었다. 거의 다 들어와서 자리에 앉았을 때 쾅 소리가 나서 고개를 돌렸다. 칠판에 단원명을 쓰던 중이었다.

'와, 킹 받네'라고 말하며 큰 소리로 울기 시작했다. 오늘도 거짓 눈물? 영선이가 한 말로 정도를 가늠해본다. '새로운 단어다. 킹이니까 강조하는 말인 듯?' '열을 받은 것인가?' 걱정되긴 했지만 늘 별일 아니었으니 이야기만 들어주면 되겠다고 생각했다. 저러지 않아도 아는데 답답했다.

문제가 생기면 울기부터 하는 아이들이 있습니다. 때로는 당장이라도 어떻게 될 것처럼 심하게 울면서 자기 마음을 표현하기도 합니다. 하지만 상황을 알고 나면 과하다는 생각이 들 때도 있습니다. 괜찮다고 말해 보지만, 그때뿐이니 계속 반복하면 무시하기도 합니다. 신경이 온통 그 아이에게 가 있지만 어쩔 수 없습니다.

과장은 원래의 것보다 부풀려 표현하는 것입니다. 과장이 지나치면 의도가 제대로 전달되지 않거나 불신하게 됩니다. 교사가 아이들의 행동에 즉각적으로 반응하지 않거나 살짝 무시하고 넘기는 것에도 그러한 마음이 있습니다. 심하게 큰 소리를 내면서 울기, 장황하게 늘여 말하기, 과하게 웃기처럼 교실에서는 여러 모습으로 나타납니다. 주위의 친구들이 눈살을 찌푸릴 만큼 크게 웃거나, 심하게 우는 아이들은 무엇을 원하는 것일까요?

관심과 인정을 받고 싶은 마음, 공감받고 싶은 것입니다. 긍정적인 행동보다는 부정적인 것이 주의를 더 끈다는 것을 아이들은 경험을 통해 알고 있습니다. 자기 생각을 말하는 것보다 큰소리를 내거나 우는 것이 더 편하고 관심 받기도 쉽다는 것을 알고 있습니다.

사랑받고 있음을 전해주세요

아이 존재 자체에 대한 인정으로 충분히 의미 있는 사람임을 전해야 합니다. 아이에 대한 선생님의 믿음을 주는 게 필요한 것이지요. 존재의 인정은 '고마워'라는 말로 시작할 수 있으며, 이를 통해 신뢰도 키울 수 있습니다. 고마운 게 하나도 없는데 어떻게 '고마워'라고 말할 수 있을지 고민이 생기시죠?

시작종이 쳤는데도 책상은 지저분하고 교과서도 올려놓지 않은 아이가 있습니다. 어느 날 이 아이의 책상에는 필통만 올려져 있었습니다. 물론, 교과서는 보이지 않습니다.

이 상황에 고맙다고 말할 만한 것이 있나요? 난감하시겠지만 있습니다. 분명 달라진 것이 있으니까요. 책상이 정리되었잖아요. 있는 사실 그대로를 알려주는 방법을 이용하면 좋습니다.

"책상이 정리되었구나. 선생님 말을 기억하고 있어서 고마워."

아이는 '뭐가 고맙다는 거지?'라고 생각하겠지만, 시간이 지나면 아이의 책상은 전보다 조금 더 정리되어 있을 것입니다. 조금의 변화에도 사랑을 듬뿍 받은 아이는 행동으로 성장할 수 있음을 보여줍니다. 완벽하게 책상이 정리되지 않아도 필통을 올려두었으니 이제 교과서만 꺼내면 되니까요. 사랑한다는 표현이 아니어도 충분히 그 마음이 전달됩니다.

교실에서 문제가 생기면 해결을 위한 힘이 필요합니다. 그 힘은 자원이며 연료가 됩니다. 우리 교실의 자원은 아이 존재에 대한 인정, 신뢰를 쌓는 한마디 말, 공정한 태도, 책임을 다하는 수업 등으로 축적할 수 있습니다.

신뢰가 쌓이면 규칙과 절차를 구분해 주세요. 규칙은 위반하면 책임을 지는 것이고, 절차는 일의 순서나 방법을 말하는 것입니다. 다른 친구의 안전을 위협하거나 폭력을 행사하는 것은 규칙을 어기는 것입니다. 행동에 따른 책임을 지게 해야 합니다. 하지만 절차는 조금 다릅니다. 친구가 자신에게 어떤 일을 하면 큰 소리로 울기보다는 어떻게 해야 하는지 순서를 알려주어야 합니다.

친구의 행동으로 울음이 나려고 하는 상황이라면, 먼저 친구가 그렇게 한 이유를 물어보게 합니다. 친구가 말한 이유에 대해 자기 생각이나 감정을 말할 수 있게 합니다. 그래도 해결이 되지 않으면 선생님에게 와서 말할 수 있도록 합니다.

"울고 싶을 때는 친구에게 그렇게 행동한 이유를 물어봐야 해. 그래도 해결이 되지 않으면 선생님에게 말해줘."

아이에게 상황에 따라 어떻게 행동해야 하는지 알려주고, 한 번에 익숙해지지 않으니 계속 연습할 수 있도록 도와주는 것입니다.

관심받고 있음을 알려 주는 말

"무슨 일이 있었는지 말해줄 수 있니?"
"울지 않고 싸우지도 않고 선생님에게 말해줘서 고마워."
"우리 같이 해결해 보자."

나눔과 포용이
깨끗한 교실을 만들어요

6월 28일

매월 초가 다가오면 아이들 사이에 갈등이 생길까 늘 걱정이 앞선다. 바뀌는 '1인 1역할' 활동 때문이다. 칠판 청소나 우유 당번, 안내장 나눠주기 같은 역할은 서로 하려고 하고 힘든 교실 청소 같은 역할은 안 하려고 한다.

민기가 5월에 교실 청소였는데 거의 활동하지 않고 가버려서 아이들의 불만이 가득했었다. 민기를 청소시키려고 갖은 꾀를 부려 봤지만 소용없었다. '교실이 선생님 거야? 너희가 주인이잖아'라는 말이 올라왔지만, 매번 참아야 했다. 한바탕 난리가 나서인지 이번 달 역할 나눔은 잘 넘어갔는데, 7월이 다가오니 또 걱정이 앞선다. 설마 또 민기가 교실 청소가 되는 건 아니겠지?

언제부터 시작되었는지는 모르겠지만, 지금도 교실 앞쪽 귀퉁이 어딘가에 1인 1역할 안내판이 게시되어 있습니다. 각자 맡을 역할을 정하고 돌아가면서 그 역할을 수행하는 것입니다. 주로 청소 활동 같은 것인데, 줄여서 '1인 1역'이라고 부릅니다.

가장 인기 있는 역할은 아마도 칠판 청소나 우유 당번일 것입니다. 칠판 청소는 쉽기도 하지만 수업 시간 선생님의 영역을 쉬는 시간에 자신의 영역으로 다룰 수 있는 권력을 갖게 되기 때문이고, 우유 당번은 힘을 써야 하긴 하지만 잠깐의 노력으로 역할이 끝나버리는 홀가분함 때문일 것입니다.

힘든 교실 청소나 교실 청소가 끝나야 할 수 있는 휴지통 주변 정리는 아이들이 싫어합니다. 휴지통 주변은 항상 뭔가 지저분하게 흩어져 있어 제일 귀찮고 힘든 역할입니다.

1인 1역은 모두에게 필요한 활동이지만, 열심히 하는 아이와 그렇지 않은 아이 사이에 많은 갈등이 발생하곤 합니다. 그리고 "그거하면 뭐 해줄 거예요?"라고 자신이 한 일에 대해 보상을 바라는 아이들도 있습니다. 물질적인 보상을 주지 않으면 힘든 일을 하지 않으려고 하는 아이들을 어떻게 지도해야 할까요?

아이들에게 포용의 힘을 길러주세요

교실에서의 역할을 책임이나 의무보다 나눔에 가치를 두고 생각해 보면 어떨까요? 자신과 친구를 위해 자신이 줄 수 있는 것, 할 수 있는 것을 나누고 베풀 수 있도록 말입니다.

포용은 다름을 인정하는 생각과 그것을 실천으로 옮기는 힘을 말합니다. 친구가 잘하지 못하는 것을 인정하며 그것을 너그럽게 감싸주고 받아들이는 포용의 마음으로 나눔을 실천한다면 보상이나 칭찬을 바라는 마음도 줄어들고 오히려 뿌듯함을 느낄 수 있을 거예요.

어떻게 하면 나눔과 포용의 의미를 담아 활동할 수 있을까요? 먼저, 깨끗한 교실을 만들려면 어떤 역할이 필요한지 아이들과 이야기 나누어 보세요.

교실 청소, 칠판 지우기, 휴지통 정리, 책상 줄 맞추기, 창문 열기 등 아이들이 말하는 역할을 칠판에 쓰고 왜 그 역할이 필요한지도 이야기 나눕니다. 힘들지만 우리 교실을 위해 필요한 역할이기 때문에 그 이유를 반드시 이야기 나누어 주세요.

저마다 자신이 잘하는 것, 좋아하는 것이 있습니다. 교실에서 할 수 있는 활동 중 자신이 잘할 수 있는 활동, 나눔을 할 수 있는 활동을 선택하게 합니다. 잘하지 못해도 친구들을 위해 도전해 볼 역할도 좋습니다. 자신이 잘하고 좋아하는 것을 나눌 수 있다는 것만으로도 아이들의 성취감은 올라갑니다.

누구도 희망하지 않는 역할이 있다면 어떻게 해야 할까요? 아무도 선택하지 않은 채로 그대로 둡니다. 그 역할은 교사가 하는 방법도 있지만, 일주일 정도 지켜봅니다. 아무도 그 일을 하지 않을 때 학급에 어떤 일이 생겼으며, 불편한 것은 무엇인지 나누어 보는 시간이 필요합니다. 그러면 그 역할이 교실에서 필요함을 알고 앞장서서 친구들을 위해 포용의 마음을 나누어 주는 아이가 생길 것입니다.

또 다른 방법은 모두가 나누어서 그 역할을 하는 것입니다. 아무도 희망하지 않는 역할을 나누어서 하고, 학급과 친구들을 위해 하기 싫었던 일을 하는 과정을 통해 포용의 힘을 발휘할 수 있습니다.

선생님은 아이들을 자세히 관찰하고 칭찬을 듬뿍 주세요.

"네가 맡은 뒤로는 휴지통 주변까지 신경 쓰고 있구나. 고마워."

"덕분에 아침에 상쾌한 공기를 마실 수 있구나. 고마워."

역할을 제대로 하지 않아서 늘 질타받던 아이들도 나눔을 실천하며 상대방을 배려하는 따뜻한 마음을 가질 수 있으니 더욱 의미 있는 활동이 될 것입니다. 아이들은 할 수 있는 일을 하는 과정에서 작은 성공의 경험을 쌓아갈 수 있습니다.

다른 사람을 배려할 수 있게 하는 말

"네가 교실 청소를 해주어서 다른 친구들이 깨끗한 교실에서 생활할 수 있게 되었구나."

"친구들이 힘들어하는 교실 청소에 나눔을 실천했구나. 고마워."

"맡은 역할에 최선을 다하려고 애쓰는 게 느껴져. 고마워."

비난하는 마음은
너그럽게 안아주세요

7월 10일

이제 익숙해질 법도 한데 아직이다. 짝 대화, 모둠 대화는 늘 도전인 것 같다. 내가 보아 넘길 수 있어야 하는데 잘되지 않는다. 자꾸 욕심이 생긴다. 아이들도 그렇게 여러 번 연습했으면 할 법도 한데 여전히 익숙하지 않다.

모둠 대화를 할 때 싸움이 나기도 했고 몇몇은 모둠 친구들을 나쁘게 말했다. 아이들이 모둠 활동을 할 때 나는 각 모둠의 활동을 점검하고 도움을 주어야 하는데 오늘도 그렇게 하지 못했다. 온갖 비난의 말들을 수습하느라 바빴기 때문이다. 친구가 좀 부족해 보여도 서로 인정할 수 있으면 좋겠다.

어른도 답답하거나 억울하면 다른 사람을 나쁘게 말하기도 합니다. 아이들도 그렇습니다. 마음에 들지 않으면 좀 더 즉각적으로 표현합니다. 친구, 선생님, 부모님에게 마음에 들지 않는 부분을 말합니다. 그렇다고 그냥 아이들을 보고만 있을 수는 없습니다. 다른 사람을 나쁘게 말을 할 때 우리는 사실에 근거하여 말하고 있다고 생각합니다. 하지만 사실관계라는 것이 주관적일 수 있다는 걸 우리는 알고 있습니다.

짝이나 모둠 활동에서 친구를 나쁘게 말하는 마음 뒤에는 자신이 잘하고 싶은 기대가 있습니다. 그런데 자신이 원하는 바를 이룰 수 없으니 남 탓도 하게 되고 속상함을 표현하게 됩니다.

뜻대로 되지 않아 친구를 나쁘게 말하는 아이를 비난하는 대신 눈을 맞추고 마음을 다해서 너그럽게 안아주는 포용이 필요합니다.

나쁘게 하는 말에 숨겨진 마음을 알아주세요

공감이라는 말속에는 '나'와 '남'이 있습니다. '내'가 '남'의 입장이 되어 '남'의 경험을 이해하고 생각해 보는 것입니다.

선생님께서 먼저 친구를 나쁘게 말하는 그 아이의 입장에서 생각하고 이해하려는 공감의 언어를 사용해 보세요.

"화가 많이 났구나!"

"○○이가 활동을 혼자 해버려서 속상했구나!"

"○○이에게 활동할 때 같이 하자고 얘기해 보면 어떨까?"

마음을 먼저 알아준 다음 올바른 행동을 알려주는 것입니다. 마음만 알아주고 바른 행동을 가르치지 않으면, 아이들은 조금 전 그 행동이 옳다고 생각할 것이기 때문입니다.

공감은 교실에서 문제가 일어나지 않게 하기도 하지만 문제를 해결하는 과정에도 깊게 작용합니다. 공감 대화를 통해 아이들은 상대방을 존중하고 배려하는 포용의 마음을 배우게 됩니다. 나와 생각과 행동이 다른 사람을 비난하는 대신 '우리'라는 공동체 속의 한 사람으로 인정하게 되는 것이지요. 그러면 선생님은 그런 상황에서 어떻게 행동해야 하는지 알려주면 됩니다. 공감은 갈등을 해결하는 경험을 통해 길러지기도 하니까요.

코로나19 이후 교실에서 아이들은 공감을 더 어려워합니다. 마스크를 3년 이상 착용하고 생활했으니 당연합니다. 표정 읽기도 힘들고, 감정을 잘 표현하지도 못하고, 그나마 조금 오가는 표현마저도 단조롭습니다. 이런 상황에서는 공감을 가르치는 교사도 배우는 아이도 힘이 듭니다. 공감은 둘째치고 듣기라도 좀 하면 좋겠다는 마음이 들 때도 많습니다. 이제는 '말하는 방법'도 가르쳐야 하는 시대가 온 것입니다. 조금 더 정교한 대화의 방법과 연습이 필요합니다.

정교한 대화 방법의 하나로 '존댓말' 사용하기를 해보세요. 아이들끼리 존댓말을 쓰면 처음에는 어색해하지만, 곧 익숙해집니다. 존댓말은 서로 존중해 주는 마음을 느낄 수 있어 사소한 다툼이나 감정이 상하는 일도 훨씬 줄어듭니다.

표현의 방법을 바꾸는 데는 노력과 인내가 필요합니다. 반복해서 연습하는 것이 도움이 됩니다.

"대화를 먼저 할 수 없을 때는 '난, 어려워서 아직 생각하지 못했어요. 먼저 해줄래요?'하고 말하는 거야."

"성적이 많이 올랐네. 노력을 많이 했구나. 열심히 하는 모습 보여주어서 고마워."

"모둠 과제는 협력하기가 힘들어서 싫다고 했는데, 지금은 어떻게 돼 가고 있니?"

"모둠 협력 과제를 멋지게 완성했구나. 어떻게 모두의 마음을 모아갔는지 이야기해 줄래?"

"그래, 그럴 수도 있었겠다. 말해줘서 고마워."

스스로 할 수 있게
선택권을 주세요

9월 3일

2학기 개학을 앞두고 학년 초 세운 나의 학급경영계획을 다시 펼쳐보
았다. 몇 가지는 잘 정착되어 2학기에도 그대로 이어가면 되겠다 싶은
데, 또 몇 가지는 수정해서 운영해야 할 것 같았다.

그중 한 가지가 공책 사용이다. 사실 공책이 꼭 필요하다고 생각한 것은
아니었다. 그런데 동학년이 모두 공책을 활용한다고 하고, 아이들이 써
온 알림장을 보니 5학년인데도 맞춤법을 틀리거나 글씨체가 너무 나빠
알아보기 힘든 경우가 꽤 많아서 충격을 받고 시작했다. 공책만 잘 활용
해도 글씨를 바르게 쓰는 연습도 되고 공부도 되겠지 싶어서였다.

처음부터 아이들의 불만이 있었지만, 그래도 끝까지 확인하면서 한동
안 내가 억지로 끌고 나갔다. 그런데 갈수록 아이들도 쓰기 힘들어하고

나도 검사하기 힘들어서 줄여 주고, 빼먹고 했더니 1학기 말에는 흐지부지되어 버리고 말았다.

그런데 교실을 정리하면서 그동안 나름의 방법으로 혼자서 열심히 정리를 이어온 영선이의 공책을 우연히 보게 되었다. 1학기부터 공부했던 내용이 깔끔하게, 차곡차곡 쌓인 것을 보니 뿌듯했다. 그러면서 한편으로는 나머지 아이들이 성공 경험을 갖지 못한 채 실패와 포기의 경험에 머무르도록 방치하는 것 같아서 씁쓸하기도 했다. 2학기에는 다시 공책을 활용하려고 한다. 영선이처럼 모두가 공책쓰기에 성공하면 좋겠는데 그러기 위해서는 전략이 필요하다. 좋은 방법이 없을까?

수업이 시작되면 교사는 아이들을 쉴 새 없이 관찰합니다. 그리고 어떤 상황인지 판단하고 적당하다고 생각하는 방법으로 아이에게 피드백합니다. 수업에서 아이들의 글쓰기는 선생님을 바로 반응하게 만듭니다.

교사가 "공책에 쓰세요"라고 말했을 때 주로 관찰 대상이 되는 학생들은 공책을 찾지 못하거나, 필기할 부분을 펴는 데 오랜 시간이 걸립니다. 연필 찾느라 한참, 뭘 쓸지 몰라 이리저리 두리번거리느라 또 한참을 보냅니다. 드디어 쓰기 시작했더라도 글을 쓰는 속도가 느려서 생각한 내용을 얼른 글로 옮기지도 못합니다. 시간을 충분히 주어도 끝내 마무리하지 못하는 경우도 많습니다.

"우리 아이가 글 쓰는 걸 너무 싫어해요."

"말은 잘하는 데 쓰라고 하면 짜증을 많이 냅니다."

"아직도 맞춤법에 맞게 쓰는 걸 잘 못해요."

학부모 상담에도 쓰기에 대한 부분은 빠지지 않습니다.

고학년쯤 되면 "써서 제출하세요" 하는 교사에게 "쓰는 거 싫은데 말로 하면 안 돼요?"라고 말하기도 합니다.

억지로는 힘들지만 스스로는 '괜찮아요'

언어 발달은 기억력, 주의력, 지각 능력, 추론 능력 등을 포함하여 뇌의 인지 과정과 밀접하게 연결되어 있습니다. '쓰기'는 듣고, 말하고, 읽는 것이 가능해진 다음에 할 수 있는 어려운 일입니다. '쓰기'만은 피하고 싶어 하는 아이들도 즐겁게 쓰게 하는 방법은 없을까요?

있습니다. 바로 짝과 함께 활동하게 하는 것입니다.

- 쓰기 전 : 짝 대화를 통해 말하고 들으면서 쓸 내용 확보하기(무엇을 쓸지 혼자 고민하지 않아도 됩니다)
- 쓰는 중 : 짝끼리 같은 내용으로 정리하게 하기(맞춤법에 자신 없거나 구어를 문어로 바꾸는 게 어려운 친구들에게 도움이 됩니다)

또 놀이를 통해 스스로 '쓰기'를 선택하도록 유도할 수 있습니다. 아이들이 좋아하는 빙고 놀이는 빙고 판에 내용을 써야 시작할 수 있습니다. 이때는 쓰기 싫어서 말로 하겠다는 학생이 없습니다. 쓰는 게 아니라 놀이라고 생각하기 때문이지요. 놀이처럼 느끼게 하거나 공책에 질문을 쓰고 나서 하는 짝 대화 질문 놀이처럼 꼭 필요한 소통의 도구로 쓰기 활동을 자연스럽게 활용할 수도 있습니다.

선택으로 학습 동기를 끌어내는 말

"짝 대화로 질문을 2개 만들어 주세요. 만든 질문은 잊지 않도록 공책에 써 둡니다."

"글을 읽고 드는 생각이나 느낌을 찾아서 공책에 쓰세요. 1분 안에 몇 개나 찾을 수 있는지 해봅시다."

"정말 멋진 생각이구나. 그러니까 네 생각에는 ... 뭐라고 했지? 방금 듣고 감탄했는데 금방 잊어버렸네. 선생님이 다른 반 친구들에게도 이야기해 주고 싶은데 지금 말한 것을 공책에 써 주겠니?"

남 탓하는 마음은 이해의 힘으로
줄일 수 있어요

11월 9일

수업 시작종이 울리고 나서 교실 문을 여는 아이가 있다. 친구들은 책을 다 펴고 수업을 막 시작하려고 하는데 문을 열고 들어왔다. 처음 몇 주간은 늦어지면 걱정을 많이 했다. 부모님께 전화를 하기도 했다. 거의 매일 그런 일이 있었기 때문에 이제는 전화도 하지 않는다. 문자 메시지 한 통 보내주지 않는 부모님께 서운한 마음이 있었지만, 표현하지 않았다. 늘 걱정스러운 전화를 하는 것은 내 쪽이었다.

그런데 오늘은 평소보다 더 늦게 들어왔다. 무슨 일이 있었던 것이 분명했다.

"오늘은 많이 늦었네. 무슨 일 있었어?"

"엄마가 밥 먹고 가라고 해서요."

여전히 엄마 탓이었다. 다행히 별일은 없었나 보다. 하지만 아이의 대답은 언제나 똑같다. 남 탓이다. 어떻게 해야 하나?

"○○이가 먼저 그랬어요."

"엄마가 안 챙겨줬어요."

"선생님이 말 안 해줬잖아요!"

어떤 상황이 생기면 항상 남 탓을 하는 아이들이 있습니다.

책상 위의 물건을 떨어뜨렸을 때 물건의 주인인 친구보다 떨어뜨린 아이가 더 억울해합니다. 뛰어가다가 넘어졌을 때 옆에 가만히 서 있던 친구를 탓하기도 합니다. 화가 나고 억울해서 금방이라도 울 것 같은 상대방 친구에게는 관심조차 주지 않습니다.

과제나 준비물에 대한 것도 마찬가지일 때가 많습니다. 과제는 동생 때문에 못 했고, 준비물은 엄마가 챙겨주지 않아서 그렇다고 합니다. 스스로 할 수 있는 일인데도 말이죠.

무엇이든 받아주는 부모의 과잉보호나 혼나고 싶지 않은 마음이 있을 수 있습니다. 그 상황에서 쉽게 벗어나기 위해 남 탓을 하며 핑계를 찾는 것일 수도 있습니다.

'아직 어리니까 그럴 수도 있지' 하고 이해만 하기보다는 제대로 가르치는 것이 필요합니다. 그렇지 않으면 자기 마음에 들지 않는 상황에서 핑계를 대거나 거짓말로 넘어갈 수도 있습니다. 자신의 실수로 일어난 일에 대한 책임을 져야 한다는 것을 알아야 합니다.

실수할 수 있다는 것을 이해하도록 도와주세요

아이들은 '실수는 나쁘다'라고 생각합니다. 실수하면 '혼이 난다'고 생각하기도 합니다. 하지만 무언가를 배우는 과정에서는 실수가 있기 마련입니다. 그럴 때는 혼내기보다는 격려가 필요합니다.

실수를 인정하는 것은 굉장히 어려운 일입니다. 누구나 실수할 수 있음을 아이들은 알아야 합니다. 실수하고 혼날까 봐 두려운 마음, 결과에 대한 아쉬운 마음을 인정받아야 자기 잘못을 받아들이고 이해할 수 있습니다.

아이들은 의도하지 않았는데 잘못되었을 경우 어떻게 대처하는지를 배워야 합니다. 자신이 잘못한 일이나 실수한 일을 숨기거나 변명하지 않고 스스로의 힘으로 다른 사람에게 말할 수 있는 것이 중요합니다. 누구나 실수할 수 있고 무엇을 배울 때는 여러 번 반복해야 한다는 것을 말해 줍니다. 잘못이나 실수에 대한 상황이 생기면, 먼저 꾸짖지 말고 상황을 물어서 이해해 주고 인정해 준 다음 앞으로는 그렇게 하지 않도록 해야 합니다.

친구의 물통을 실수로 떨어뜨렸을 때 남 탓을 하는 아이에게 "뛰어가다가 친구 물통을 쏟은 건 넌데, 왜 남 탓을 하니?"라고 하며 비난하는 말보다 아이의 마음을 알아주는 말을 하는 것이 효과적입니다.

"갑자기 물통이 떨어져서 당황했구나. ○○이도 놀랐을 것 같은데 □□가 먼저 사과하면 좋을 거 같아. 교실에서 다닐 때는 어떻게 해야 할까?"

비난의 말보다 아이의 마음을 이해해 주고 다음에는 어떻게 행동해야 할지 알려 준다면 다음에는 실수하지 않기 위해 노력할 것입니다.

마음을 알아 주고 이해하는 말

"실수했구나. 그럴 수 있어. 선생님도 자주 실수하거든!"

"실수로 그런 건데 혼날까 봐 걱정되는구나!"

"널 진심으로 이해한단다. 우리 같이 해결 방법을 찾아보자."

"책상이 엉망이라 속상했구나. 하지만 자기 물건은 스스로 챙길 수 있어야 해. 교실에서 자기 물건을 정리하는 방법을 배워보자." □

원망과 비난은
감사의 방패로 막아요

11월 27일

아이들이 너무나 좋아하는 스포츠 리그전 기간이지만, 나는 이 기간이 늘 조마조마하다. 승부욕이 강한 우리 반 아이들은 1학기 리그전을 해 보고는 2학기에는 더 불이 붙었다. 점심시간마다 모여 연습하고, 쉬는 시간마다 모여 작전을 짠다. 운동도 잘 못하고 승부욕도 약한 몇몇 아이는 위축되고 피로를 느낄 테지만, 경기에 지고 나서 친구들에게 원망의 화살 공격을 당하지 않으려고 연습이라도 열심히 참여하는 눈치다.

1학기 때는 경기가 있는 날은 수업이 잘 안 됐다. 이기면 이겼다고 흥분하고, 지면 졌다고 울고. 심판이 공정하지 못했다고, 상대편이 반칙을 썼다고 어찌나 불평불만을 쏟아내는지 감당하기도 힘들었고 스포츠 리그전 기간이 어서 끝나기만 바랐던 것 같다.

이번에도 또 그러면 어떻게 해야 할까? 다른 반은 이렇게까지 흥분하지 않던데, 우리 반은 왜 이렇지?

스포츠 경기는 대표적인 경쟁 활동이면서 승패와 순위를 가리는 활동입니다. 경기가 진행되는 동안 모든 선수가 저마다 자신의 기량을 최대한으로 발휘하기 때문에 경기장의 열기는 뜨겁습니다. 거기에다 치열한 응원전까지 더해지면서 경기를 관람하는 사람도 그 열기에 함께 뜨거워집니다. 이 에너지가 경기가 끝났다고 해서 쉽게 식지는 않습니다. 그러니 이제 막 경기를 마치고 교실로 돌아온 아이들이 차분히 앉아 다음 수업에 참여하기를 기대하는 것은 무리입니다.

그렇다고 스포츠 리그전을 없애야 하는 것은 아닙니다. 스포츠 리그전을 통해 학생들이 배우는 것도 많습니다. 이렇게 승부욕이 강한 학급일수록 리그전 기간에 학급 아이들이 똘똘 뭉치는 모습을 볼 수 있습니다. 단체 경기는 특출난 소수의 능력만으로 우승하기 어렵습니다. 그래서 실력이 부족한 친구들을 밀착 지도하면서 조금이라도 실력을 보완하도록 서로 가르치기도 하고, 우승 전략을 짜느라 쉴 새 없이 머리를 맞대고 최선의 아이디어를 수집하기도 합니다. 또 평소 학습에서는 돋보이지 않던 학생이 이때만큼은 리더가 되어 자신의 존재감을 마음껏 드러내며 성장하기도 합니다.

기다림의 시간을 가져요

경기에서 승리한 흥분으로 다음 수업이 진행되지 않을 때는 잠시 시간을 주어 실컷 이야기하게 해주세요. 3~5분이면 충분합니다. 승리의 기쁨을 마음껏 쏟아내면 흥분을 가라앉힐 수 있습니다. 그리고 1분만 눈을 감고 말없이 경기 장면을 떠올려 보게 합니다. 칭찬하고 싶은 순간, 아쉬웠던 순간을 떠올려 보고 이것을 바탕으로 다음 경기에서도 좋은 모습을 보여주자고 다짐합니다. 그런 다음 눈을 뜨게 하고 수업을 시작해 보세요. 그러면 들뜬 마음도 가라앉고 수업에도 집중할 수 있습니다.

문제는 경기에 졌을 때입니다. 실패와 상실의 마음은 분노나 슬픔으로 이어지고, 원망과 비난으로 표출되기 쉽습니다. 그런데 이 상황을 완전히 평화롭게 반전시킬 수도 있습니다. 주장급 선수가 다른 친구들을 격려하며 "모두 잘했다, 열심히 했다"라고 토닥여줄 때입니다. 주장이 실책을 범한 친구에게 다가가 어깨동무하기만 해도 누구도 원망하거나 비난하지 못하게 됩니다. 방패가 되어 주는 셈입니다. 선생님이 이 역할을 해도 좋지만, 친구끼리도 충분히 할 수 있습니다.

평소에 감사함 찾기 훈련이 잘되어 있는 아이들은 경기에서 졌을 때도 원망과 비난의 말을 쏟아내지 않습니다.

"괜찮아. 그래도 열심히 했잖아."

"그래도 오늘 ○○이가 특히 잘했어. 안 그래?"

"다음 경기에서 잘하면 되지."

이런 말을 습관처럼 자연스럽게 하게 됩니다. 경쟁을 좋아하고 승부욕이 강한 아이들이라면 더욱 평소에 '때문에' 대신 '덕분에'를 찾는 연습을 많이 하는 것이 좋습니다. 감사와 고마움을 깨닫는 것은 우리의 의식을 전환하는 아주 높은 에너지값을 가지고 있기 때문입니다.

가장 좋은 것은 선생님도 경기장에서 아이들과 함께하는 것입니다. 그 자리에 선생님도 함께하면 아이들의 마음을 충분히 이해할 수 있습니다. 선생님도 우리 편이라는 사실만으로도 아이들에게 위로와 격려가 됩니다.

감사의 방패가 되어 주는 말

"괜찮아. 충분히 최선을 다했어."

"다음 기회가 또 있어. 다시 도전해 보자."

"모두 함께 열심히 뛰어줘서 고마워!"

"이렇게 함께 뛰고 기쁨도 슬픔도 함께할 수 있다는 게 감사해!"

4장

아이들의
긍정에너지 키우기

감정과 욕구의 구분으로
문제를 해결해요

5월 14일

점심시간이 끝나갈 때였다. 아이들이 땀을 뻘뻘 흘리면서 교실로 들어왔다. 앞문이 사정없이 열렸을 때 어제 그 녀석이어서 바짝 신경이 쓰였다. 울먹울먹 금방이라도 터질 듯한 표정이었다.

"선생님, 민기가 지렁이라고 또 놀렸어요."

"아니에요, 선생. 장난이에요. 장난"

(주먹을 치켜들면서) "이름 갖고 놀리지 말랬잖아!"

얼른 주먹을 잡았다. 하마터면 신체 폭력으로 이어질 뻔했다. 친구가 싫다는 데도 자꾸 놀리는 것도, 화가 나면 금방 주먹이 올라가는 것도 쉽게 고쳐지지 않는다. 골치가 아프다.

밉고 억울해서 싸우고 싶은 아이. 친구의 놀림에 분노가 올라오고 공격하고 싶은 충동을 느끼면 싸움이 일어납니다. 이런 상황은 어떻게 해결할 수 있을까요?

마음에 들지 않는 것은 어떻게든 겉으로 표현됩니다. 말수가 줄거나 퉁명스럽게 말하기도 하고, 거칠게 대하기도 합니다. 싸우거나 고자질로 미움을 표현하기도 합니다.

제대로 해결하지 않으면, 늘 같은 일이 반복되기도 합니다. 이성으로 감정과 욕구를 구분하는 것이 필요합니다.

감정과 욕구의 구분을 통해 이성적으로 해결할 수 있어요

감정은 좋은 감정, 나쁜 감정으로 구분하는 것보다 감정인지 욕구인지를 알아차리는 것이 필요합니다. 감정이 분명해져야 욕구도 분명해질 수 있습니다. 감정과 욕구를 분리하면 어떻게 해결해야 하는지 방법이 나올 수 있어요.

교사 : (싸우고 씩씩거리는 아이에게) 친구에게 폭력을 사용하는 것은 나쁜 일이야. 힘들겠지만 마음을 좀 진정시켜 보자. 힘을 먼저 사용하지 말고 우선, 말로 해결하는 거야. 지금 어떤 마음인 거니?

학생 : 아, 그냥 막 때리고 싶어요.

교사는 현재 아이의 마음을 물었지만, 아이는 하고 싶은 것을 이야기합니다. 때리고 싶다는 것은 마음이라기보다는 무엇을 얻고 싶거나 하고 싶은 욕구에 해당합니다. 감정을 물었지만, 욕구로 대답하는 대화는 흔하게 접할 수 있습니다.

때려서 분풀이를 하고 싶은 아이로 인해 선생님의 감정이 상하게 될 것입니다. 교사의 목소리는 커지고 아이는 점점 막무가내로 행동할 게 뻔합니다.

하지만 아이가 감정과 욕구를 구분해 말할 수 있도록 질문을 바꾸면 아이는 서운한 감정과 그 서운함을 풀기 위한 해결책을 말할 수 있게 됩니다.

자신의 기분이 좋지 않을 때 폭력으로 해결하려고 하는 상황에서 감정과 욕구가 분리된 대화를 살펴봅시다.

교사 : 때리고 싶구나. 그 정도로 미운 거야?
학생 : 미운 게 아니라 내 마음을 몰라 주니까 서운한 거예요.

감정과 욕구를 분리하면 문제의 해결에 좀 더 가까이 갈 수 있습니다. 아이가 하는 말이 감정과 욕구 중 어디에 해당하는지 주의 깊게 들어야 합니다. 하지만 감정과 욕구를 알아차렸다고 해서 문제가 해결되는 것은 아닙니다. 옳지 않은 욕구는 지도가 필요합니다. 폭력을 사용하거나 안전을 위협하는 일은 안 된다고 알려주어야 합니다.

아이들이 100% 이해하지 못할 수도 있지만, 서로 마음을 짐작해 보는 것이 도움이 됩니다. 상대방 친구의 마음을 짐작하여 말하게 하는 것입니다. 그런 다음 진짜 하고 싶은 욕구 중에서 바람직한 것을 찾을 수 있도록 하면 좋습니다.

> **감정과 욕구를 구분하여 이성의 힘을 발휘하게 하는 말**
>
> "지금 어떤 마음이니?"
> "친구는 지금 어떤 마음일까?"
> "어떻게 하고 싶니?"
> "더 좋은 해결책은 없을까?"
> "너를 진심으로 이해하고 있어. 어떤 마음인지 무엇을 하고 싶
> 은지 같이 찾아보자."

돋보이고 싶어 한다면
용기를 주세요

5월 27일

평소 친구들과도 잘 지내는 혜진이가 나를 찾아왔다. 힘든 일이 있음이 분명했다. 요즘 혜진이가 어땠더라? 생각을 빠르게 더듬었다. 매일 같이 다니던 영선이와 덜 붙어 다니는 것 외에는 특이점이 없었다. 영선이는 요즘 다른 친구와 같이 다녔던 것이 생각났다.

혜진이는 제일 친한 영선이가 다른 친구에게 자신의 험담을 했으며, 이유를 말해 주지도 않고 다음 날부터 자신과 놀지 않는다고 했다. 서운하고 당황스러웠겠다고 마음을 달래 주었다. 혹시 짐작 가는 일은 없냐고 물었더니, 요 며칠 학원 시간이 바뀌어서 다른 친구들과 같이 간 것밖에는 달라진 게 없다고 했다. 그러고 보니 영선이는 친구를 바꾸어 가면서 계속 비슷한 상황을 만들어 내고 있다. 도대체 왜 그러는 걸까?

아이들은 친구를 사귀는 방법도, 자신을 표현하는 방법도 제각각입니다. 먼저 다가가서 말을 걸거나 자신의 마음을 표현하는 일이 어렵지 않은 아이도 있고, 관심 가는 친구가 있어도 다가와 줄 때까지 기다리기만 하는 아이도 있습니다.

친구를 사귀는 일이 쉽지 않은 아이일수록 한번 맺은 친구 관계에 깊은 애착을 보입니다. 둘이 서로 비슷한 성향이라면 오래 단짝 관계를 유지할 수 있지만, 한쪽이 두루 폭넓게 친구를 사귀는 성향이라면 자주 삐걱거릴 수 있습니다. 단짝이 다른 친구들과 어울릴 때 자신은 외톨이가 됩니다. 자신을 잊은 것 같은 서운함, 다른 친구에게 단짝을 빼앗길 것 같은 불안함을 느낍니다. 하지만 성향이 다른 단짝은 그런 마음을 잘 이해하지 못하기 때문에 서로 불편함만 커지기 쉽습니다.

외톨이가 된 아이는 당황스러웠거나 억울했던 마음, 서운하고 불안한 마음을 누구에게든 말하면서 해소하려 합니다. 그러나 이것이 종종 친구에 대한 험담이 되고 맙니다. 험담으로 쉽게 관심을 끄는 경험을 하게 되면, 험담이 좋지 않다는 것을 알면서도 친구들의 관심을 얻기 위해 다시 험담하는 악순환이 될 수 있습니다.

애쓰지 않아도 소중한 존재이니 용기를 낼 수 있게 해주세요

아이들의 그런 행동은 자신을 지키거나 돋보이기 위한 행동일 수 있습니다. 자신이 속한 무리에서 인정받고 싶은 마음을 표현하는 것입니다. 다른 사람을 깎아내림으로써 자신이 더 우월하다는 것을 내세우고 싶어 하며, 핵심적인 인물이 되려고 합니다. 하지만 자신을 지키기 위해 다른 사람에 대해 없는 말을 지어내거나 나쁘게 말하는 것은 분명 옳지 않습니다. 아이들의 마음은 알아주되 행동에 대해서는 가르침이 필요한 것이지요.

자존감이 낮은 아이라면 관계에서 더욱 불안한 마음을 가질 수 있습니다. 그런 아이들은 친구의 실수를 포용하는 것도 어렵습니다. 그래서 용기의 힘이 필요합니다. 마음속에 있는 두려움을 이겨내고 자신이 원하는 일을 할 수 있게 해야 합니다. 친구와 잘 지내고 싶은 것인지, 남을 욕하고 싶은 것인지를 생각해 볼 수 있도록 말입니다.

"지금 네가 정말로 원하는 것이 뭘까, 같이 생각해 보자!"

교실이라는 공간이 안전한 곳임을 알고 자신의 모습 그대로를 인정받고 인정할 수 있도록 해야 합니다. 안전한 교실 울타리 안에 있다는 것을 경험하는 것이지요. 친구와 선생님으로부터 긍정적인 피드백을 받을 기회를 늘려가는 것입니다. 그런 경험이 쌓이면 스스로에 대한 믿음이 두터워지기 때문입니다. 긍정적인 피드백이 오가는 교실이라면 질투의 마음도, 험담도 줄어들 겁니다.

비난받거나 평가받지 않는다는 것을 알게 되는 순간 가장 안전한 곳에 들어와 있음을 느끼게 됩니다.

돋보이고 싶은 아이에게 용기를 주는 교사의 말

"실수해도 괜찮아. 우리는 배우는 중이니까."

"친구와 생각이 다를 수 있어. 하지만 틀린 것은 아니야."

"친구들이 놀아주지 않을까 봐 불안했겠구나. 지금은 괜찮니?
　다른 사람에 대해서 말을 할 때는 사실만 말해야 한단다."

"모든 사람에게 사랑받지 않아도 괜찮아."

"진심으로 너를 사랑해."

정리 정돈을 힘들어한다면
책임감을 길러주세요

6월 2일

새 학년이 된 지 벌써 넉 달째로 접어든다. 3월 한 달 동안 그렇게 정리
정돈하자고 약속도 정하고 책상 정리, 사물함 정리하는 방법도 알려 줬
는데, 왜 아직도 하교하고 나면 민기의 자리는 엉망일까?
'왜 내가 네 자리를 치워야 하니?'
하교하고 없는 아이를 옆에 세워두고 혼을 낸다.
책상에 널브러진 연필과 공책을 서랍에 넣으려고 했다가 깜짝 놀랐다.
서랍이 터질 듯 꽉 차 있었다. 꽉 끼어 있는 책들 사이로 너덜너덜 나온
종이. 안내장이다. 그것도 3월 28일 나눠 준 안내장!!
꽉 찬 서랍만큼이나 내 마음도 갑갑했다.
정리 방법이 익숙하지 않아서일까? 다시 알려줘야 하나?

학부모 상담 내용의 대부분은 수업 태도와 교우 관계에 관한 것입니다. 부모님들은 아이가 학교에서 공부는 잘하는지 친구와는 잘 지내는지를 궁금해합니다.

'수업 태도가 좋지 않다'라는 말을 들으면 가정에서도 열심히 지도하겠다고 합니다. 친구와 잘 어울리지 못하면 '친구와 잘 지낼 수 있도록 모둠을 바꿔달라, 친하게 지낼 수 있게 해달라'고 요청하기도 합니다. 하지만 정리 정돈이 잘되지 않는다고 하면 대수롭지 않게 생각합니다. 책상 위, 책상 서랍 안, 아무렇게나 걸어 둔 가방이 다른 아이들을 불편하게 하는데도 말입니다.

교실에서의 사회성은 다른 사람을 배려하고 자신의 책임을 다하는 것입니다. 친구들과 함께 지내는 공간인 교실에서 다른 사람에게 불편함을 주지 않고 안전하게 생활할 수 있도록 하는 정리 정돈은 사회성의 기본입니다.

매번 정리 정돈을 해주고 방법을 알려 주어도 늘 자리 정리가 되지 않는 아이에게는 책임감이 필요합니다.

자기 자리에 대한 책임감을 가지게 해주세요

아이들도 깨끗한 것을 좋아합니다. 그런데 간혹 너저분한 것이 전혀 눈에 거슬리지 않는다면서 정리하지 않으려는 아이가 있습니다. 이런 아이에게는 교실에서의 정리 정돈이 왜 필요한지 말해 주는 것이 좋습니다. 정리 정돈은 같은 공간을 사용하는 친구들이 편리하고 안전하게 사용하기 위해 필요한 것이고, 정리 정돈을 위해서는 책임감이 있어야 한다고 가르쳐 주어야 합니다.

교실에 있는 물건, 학교에서 마련해 둔 물품은 모두의 것입니다. 지금은 내 책상이지만, 자리를 옮기면 친구의 책상이 되고 학년이 올라가면 후배들의 책상이 되지요. 공동의 물건을 깨끗하게 사용하겠다는 '책임'을 가져야 하는 것입니다. 정리 정돈을 하면 좋은 점을 찾아보며 아이들이 교실의 주인으로서 책임감을 가질 수 있도록 해주세요.

"주변이 깨끗하니 상쾌해요."

"책상 서랍이나 사물함에서 물건을 찾기가 쉬워요."

"교실을 다닐 때 가방이 다리에 안 걸려요."

정리 정돈을 위한 수고가 너무 크고 귀찮게 느껴져서 포기하려는 아이들도 있습니다. 이럴 때는 정리 정돈하는 것을 놀이처럼 경험하게 하는 것도 좋습니다.

교실 놀이터 만들기

- 아이들을 세 팀으로 나눕니다.(물건의 주인을 찾아주는 명탐정 팀, 빗자루로 쓰레기를 쓸어 담는 빗자루 팀, 걸레로 바닥을 닦는 걸레 팀)
- 책상과 의자는 교실 가장자리로 밀어내고 가운데 큰 공간을 만듭니다. 바닥에 떨어진 학용품이나 쓰레기, 학습지로 어지러운 교실이 드러납니다.
- 30초~1분 정도의 짧은 시간 동안 선생님의 신호에 따라 각 팀이 출

동하여 역할을 수행합니다.

– 깨끗한 교실 놀이터가 완성됩니다.

함께 놀이하듯이 만든 교실 놀이터에서 신나게 놀이까지 하고 나면 정리 정돈과 청소는 놀이를 위한 가벼운 준비운동 정도로 생각하게 됩니다.

친구의 서랍이나 사물함에서 선생님이 주문하는 물건을 빨리 찾아오는 놀이를 통해서도 자연스럽게 서랍과 사물함, 가방까지 잘 정돈하는 습관을 기를 수 있습니다. 귀찮고 힘든 일이라는 생각 대신에 재미있고 유익한 일, 그리 어렵지 않은 일이라고 생각하게 됩니다.

이렇게 함께 하는 경험을 통해 정리 정돈은 자신의 자리에 대한 책임이며, 친구들을 배려하는 마음이라는 것을 알려줄 수 있습니다.

정리 정돈을 힘들어하는 아이에게 책임감을 주는 말

"가방을 잘 정리해서 친구들이 가방에 걸리지 않고 안전하게 다닐 수 있게 되었구나."

"자리를 정리해 줘서 고마워. 아주 깔끔하게 서랍을 정리했구나."

자신감은
사랑으로 키워요

9월 4일

미술 시간이었다. 그림도 그리고 2학기 교실 환경 정리도 하고 일석이

조였다.

아직 더워서 아이들이 집중이 잘 안되었는지 다른 때보다 좀 늦기는 했

지만 하나, 둘 제출하기 시작했다.

한참 동안 기다려도 영선이는 작품을 제출하지 않아서 살펴보니 도화

지가 텅 비어 있다. 깜짝 놀란 나를 보며 묻지도 않았는데 "전 미술 잘

못해요"라고 말했다. 그래도 할 수 있는 만큼은 해보자고 하니 할 수 없

이 연필을 왔다 갔다 하며 그림을 그려보려 하지만 이내 "미술 잘 못 하

는데…"라고 하며 기어들어 가는 목소리로 하기 싫다는 표현을 했다.

"그림 잘 못 그려요."

하지만 영선이는 그림을 못 그리지 않는다. 1학기에는 충분히 잘 표현했던 것을 기억하고 있다. 끝까지 해볼 것을 권하자, 종소리와 함께 영선이는 울상이 되었다.

잘하는 것이 하나도 없다고 좋아하는 것도 없다고 말하는 자신감 없는 아이를 만나기도 합니다. '저는 잘하는 게 하나도 없어요'라고 하는 아이에게 왜 노력조차 하지 않는지 화가 나기도 하고 안타깝기도 합니다. 분명 교사의 눈에는 그 아이가 잘하는 것과 좋아하는 것이 보입니다. 그래서 진심을 담아 잘하는 것을 말해 주어도 아이는 인정하지 않고 시큰둥합니다.

자신감이 부족한 아이는 다른 사람들의 눈에 자신이 어떻게 보일지에 민감하고 자존감도 낮습니다. 그래서 자기 의견을 말하지 않기도 하고, 칭찬을 받아도 마음껏 기뻐하지 않지요. 실패가 두려워 도전하는 것을 꺼리기도 합니다.

아이가 자신의 행동에 책임을 지고 자부심과 만족감을 갖게 하려면 어떻게 해야 할까요?

사랑으로 키우는 자신감

"아. 그렇구나. 그렇게 생각했구나!"

"너를 믿어. 네가 결정한 것을 제일 좋아해."

"실패해도 괜찮아."

자신감이 부족한 아이는 있는 그대로 믿고 지지해 줄 사람이 필요합니다. 그저 '하면 된다. 열심히 해보자'라는 말보다 아이가 하고자 하는 만큼 도움을 주는 것이 필요합니다.

자신감은 타고나는 것이 아니라 배우고 익혀야 하는 자질 중의 하나입니다. 자신감을 갖게 하려면 먼저 자신을 믿는 힘과 긍정적인 자존감, 내면의 안정이 필요합니다. 실수나 실패의 경험은 그것을 어떻게 해석하고 받아들이느냐에 따라 성공을 위한 발판이 될 수도 있고 위축과 회피의 결과로 이어질 수도 있습니다. 그렇기에 끊임없는 지지와 무한한 사랑을 주며 성공과 성취의 경험으로 이끌어 주어 내면이 단단해지도록 해야 합니다.

"선생님이 어떤 부분을 도와줄까?"

"어떤 그림을 그리고 싶니? 참고할 수 있는 그림이 있다면 연습을 해보겠니?"

그림에 자신이 없는 아이의 마음 상황을 물어보는 것이 우선입니다. 그 뒤 아이가 하고자 하는 만큼 선택하게 한 후 스스로 할 수 있도록 필요한 도움을 주면 됩니다. 스스로 믿고 자신감 있게 행동하게 하려면 격려하고 기다려 주면 됩니다.

"원래 다른 사람 앞에서 발표하는 건 어려운 일이야. 하지만 손을 번쩍 들고 한 번 발표를 해보면 그다음은 쉬워질 거야."

"틀려도 괜찮아. 누구나 틀릴 수 있어."

조언하고 해결하기보다 '괜찮다'는 격려의 한마디를 건네주세요. 그냥 '잘했다'라고 하기보다 '친구들 앞에서 발표하는 일은 어려운 일인데 손을 들어 발표해 줘서 고마워'라고 구체적으로 칭찬해 주세요.

행복한 사람은 모든 것을 갖춘 사람이 아니라 긍정적인 자세로 자신을 바로 볼 줄 아는 사람, 자신을 사랑할 줄 아는 사람입니다. 당장 눈에 띄는 결과나 성과는 없을지라도 믿음과 사랑으로 지지한다면 아이는 성장할 것입니다.

사랑으로 자신감을 기르는 말

"스스로 해보겠다고 선택해 줘서 고마워."

"못해도 괜찮아."

"결과보다 하려고 했다는 그 과정이 중요해. 네가 자랑스러워."

"도움이 필요하면 언제든 말해줘."

하기 싫은 마음도
친절하게 표현할 수 있어요

10월 7일

아이들의 말은 순간의 기분을 담을 때가 많다. 금방 한 말도 다시 물으면 다르게 말하거나 마음 가는 대로 이리저리 말을 바꾸면서도 말에 책임이 따른다는 것도, 말에 진심을 담아야 한다는 것도 아직은 모른다. 그러니 곧이곧대로 듣고 마음에 새겨둘 일이 아니라는 것을 안다. 그런데도 가끔은 가볍게 흘리지 못해 속상한 것도 사실이다.

혜진이는 매번 그런 순간을 만든다. 최근에는 더 자주 그런 표현을 사용한다.

"재미없어요."

"하기 싫어요."

아이니까 그러려니 하지만 매번 평정의 마음을 유지하기는 힘들다. 그런 말을 들을 때마다 답답하고 화가 나기도 한다. 때로는 '나를 무시하는 것인가?' 하는 생각이 들 때도 있다.

"우리 신나게 시작해 볼까요?"

"하기 싫은데요. 재미없어요."

이런 말을 듣는 순간 몸에 힘이 빠지기도 하고, 예상하지 못한 아이들의 반응에 교사는 다음 말이 무엇이었는지 머릿속이 하얗게 변하기도 합니다. 수업 공개 중이라면 그 당황스러움은 생각만 해도 끔찍합니다. 아이의 그 무례함에 분노가 올라올 때도 있습니다. 아직 어리니까 그럴 수 있다고 생각해 보려 하지만, 개인적으로 여러 번 지도한 후라면 포기하게 되거나 더 심한 배신감이 들기도 합니다.

다른 사람에게 그 말이 어떤 영향을 끼치는지 모르는 것일까요? 아니면 표현의 방법을 모르는 것일까요? 그런 말을 하는 아이의 마음은 어떤 것일지 생각하고 또 생각하게 됩니다.

자기 마음을 친절하게 표현하도록 알려 주세요

친절은 다른 사람을 대하는 마음과 태도가 정겹고 상냥함을 말합니다. 어떻게 보면 먼저 상대방에게 관심을 가지고 배려하는 행동을 하는 것을 말하는 것 같지만, 결국에는 스스로 행복해지는 것입니다. 버스에서 자리를 양보했을 때, 택시에서 내리면서 "좋은 하루 되세요" 하고 인사말을 건넸을 때 차오르는 그 마음이 친절이 우리에게 주는 것입니다.

친절한 행동은 어려운 일이 아닙니다. 밝은 표정으로 미소를 보이는 것, 부드러운 말로 표현하는 것, 과장하지 않고 칭찬하는 것, 양보하는 것, 부탁을 들어주는 것 그리고 혼자 하기 힘든 일을 함께하는 것 모두가 친절을 실천하는 것입니다.

아이들에게 자신의 마음도 타인을 배려하면서 친절하게 표현할 수 있다고 가르쳐 주세요. 재미없고 하기 싫은 아이의 마음은 어떻게 친절하게 표현할 수 있을까요? 아이들의 재미없다고 하는 이유를 들여다보아야 합니다. 이미 다 배운 것이라서, 오늘 아침 야단을 맞고 와서, 머리가 아파서, 짝이 마음에 들지 않아서와 같이 여러 가지 상황과 이유가 있을 수 있습니다. 그것을 표현하게 하는 것입니다. 배려하는 마음을 나타낼 수 있도록 하는 것입니다.

교사 : 우리 신나게 시작해 볼까요?

학생 : 하기 싫은데요, 재미없어요.

교사 : 그렇게 얘기하니까 선생님도 속상하고 기운 빠지네요. 왜 하기 싫은 걸까요?

학생 : 저는 이미 다 풀었어요.

교사 : 음, 그랬군요. 그렇다면 지루하겠네요.

학생 : 네, 다른 건 없어요? 저는 뭐하죠?

교사 : 하고 싶은 게 있나요? 오늘 수업과 관련된 것이면 좋겠어요.

학생 : 친구가 괜찮다고 하면 설명해 줄 수 있어요.

교사 : 다른 친구를 도울 수 있어서 다행이네요. 고마워요!

아이는 자신의 상황을 설명하고 공감받았고 교사는 감정이 상하는 대신 학습이 느린 아이에게 도움을 줄 수 있는 지원군을 얻었습니다.

하기 싫은 마음, 부정적인 마음일 때도 다른 사람을 배려하며 친절하게 표현할 때 공감의 말로 돌려받을 수 있음을 경험하게 해주세요. 친절은 모두를 더 행복하게 만들어 준다는 것을 알게 될 것입니다.

부정적인 마음도 친절하게 표현하게 돕는 말

"왜 그런 마음인지 생각해 보고 이유부터 말해줄래?"

"오늘 수업과 관계있는 다른 것을 할 수 있어. 어떤 것을 할 수 있겠니?"

"친구를 도울 수 있어서 다행이구나. 그렇게 말해줘서 고마워."

장난에도
책임이 따라요

10월 14일

민기는 심심할 때가 없다. 어울려 다니는 친구들이 항상 있고 장난 거리를 많이 생각해 낸다. 키도 크고 공부도 잘하는 편이어서 수업 시간에 자주 웃기는 말로 분위기를 띄우기도 한다. 그래서 친구들이 민기를 싫어하지 않는 것 같다. 짓궂은 장난을 쳐도 말이다.

오늘도 친하게 지내던 친구 중 한 명이 자기들을 계속 찾아다니게 한 모양이다. 덕분에 점심시간 내내 학교를 이리저리 뛰어다니게 된 정우가 잔뜩 열이 올라서 씩씩거리며 교실로 들어왔다. 무슨 일인가 하고 불러서 물어보니 민기가 다른 친구들만 데리고 자꾸 자기를 피해 도망 다녔다는 것이다. 술래잡기를 하는 것도 아닌데 자기가 술래가 된 것 같았다고 한다. 그런데 정작 민기는 싱글싱글 웃으면서 나오더니 정우에게 어깨동무까지 하면서 위로한다. 자기는 도서관에 책 반납하러 갔다가 이제 온다면서 "다른 애들이 계속했나 보다, 너 힘들었겠다" 한다.

정작 일을 벌여놓고 문제가 될 만하면 살짝 빠져나가는 민기의 이런 태도는 고쳐야 한다고 생각한다. 그런데 오늘도 피해를 호소했던 정우가 민기의 위로에 마음이 스르륵 녹아버렸다. 민기의 부모님도 장난꾸러기일 뿐이라며 대수롭지 않게 여기신다. 난 아무래도 이건 아닌 것 같은데 어떻게 지도하면 좋을까?

장난꾸러기란 장난이 심한 아이를 귀엽게 이르는 말인데, 요즘은 장난꾸러기라는 말이 점차 사라지고 있습니다. 예전에는 모두 '장난'으로 통용되던 일이 지금은 '폭력'으로 받아들여지기 때문입니다. 더구나 짓궂은 장난이라면 더욱 주의가 필요합니다.

교육부에서 제공하는 '학교폭력 사안처리 가이드북'에서도 '장난으로 한 행위도 학교폭력이 될 수 있다고 분명하게 가르쳐야 한다'고 명시되어 있습니다. 그런데 '장난'과 '폭력'의 경계는 뚜렷하지 않습니다. '장난'과 '폭력'의 몇 가지 특징을 살펴볼까요?

장난은 모두가 즐겁지만, 폭력은 일부만 즐겁습니다.

장난은 일회적이지만, 폭력은 지속적이고 반복적인 경우가 많습니다. 장난은 나중에 서로를 더 친밀하게 만들어 주지만, 폭력은 관계를 악화시킵니다.

장난이라도 끝까지 책임지는 자세가 필요합니다

불쾌함이나 불편을 호소했던 당사자조차 나중에는 즐거워하고 관계도 변함없이 끈끈하다면 선생님은 할 말이 없어집니다. 그래서 속 앓이하면서도 그냥 넘어갈 수밖에 없습니다. 그것이 장난이었는지 폭력이었는지의 구분에만 초점을 두었기 때문입니다.

자신이 한 행동의 결과를 부담하려는 것을 책임이라고 합니다. 그리고 이것을 중요하게 여기는 마음을 책임감이라고 하지요. 자신의 행동이 단지 장난이었다고 해도 그 행동의 결과에 대해 스스로 끝까지 책임지겠다는 자세가 필요합니다. 선생님은 그 부분을 지도하면 됩니다. 자신이 한 행동의 결과를 천천히 되짚을 수 있게 해주세요.

- 이유도 모른 채 나를 피하는 것 같은 친구들을 쫓아 이리저리 뛰어다녔던 친구의 두렵고 불안하고 화나는 마음
- 친구들을 찾아 뛰어다니느라 친구가 쓴 에너지
- 무리와 동조하여 친구를 따돌리면서 느낀 나머지 친구들의 죄의식과 근심

• 같이 시작해 놓고 중간에 혼자만 슬쩍 빠져서 나머지 친구들이 느낀 배신감

아이가 책임감 있는 행동을 했다면 칭찬도 해주세요.

"맡은 일을 끝까지 하려고 했구나. 책임감이 강한 모습을 보여 주어 정말 고마워."

"장난을 쳤지만, 잘못을 인정하고 친구에게 사과를 했구나. 그래, 그렇게 하는 것이 훌륭한 행동이야."

잘못을 인정하고 사과하는 작은 습관들이 모여 책임감 있는 아이로 자라게 해줍니다. 자기 행동에 책임감을 가지고 생활한다면 공부할 때나 새로운 것을 배울 때 더욱 열심히 할 것입니다.

책임 있는 태도를 알려 주는 말

"친구들이 너와 함께 노는 것을 참 좋아하는구나. 그런데 오늘은 친구의 마음이 조금 불편했던 것 같은데 너는 어떻게 생각하니?"

"아무도 소외되지 않고 모두가 즐거운 놀이가 되려면 어떻게 해야 할까?"

"오늘 속상하고 힘들었던 친구와 중간에 네가 사라져서 당황하고 섭섭했던 친구들에게는 어떻게 하면 좋을까?"

대충하려는 아이에게
책임감을 키워 주세요

10월 15일

곧 있을 학예회를 준비할 겸 전시할 입체작품 계획서를 수행평가하기로 했다. 주제는 '가을 하면 생각나는 것을 입체작품으로 만들기'로 하고 입체작품을 대략 그림으로 그리고 필요한 준비물, 작품 설명 등을 쓰는 것이었다. 예시 작품도 몇 가지 보여주고 모방해도 좋다고까지 했다. 그런데 역시나 혜진이의 작품설명서는 예상대로였다. 글자 몇 개와 대충 그린 그림. 누가 봐도 '성의 없음'을 느낄 수 있는 그런 것이었다. 그림도 자세히 그리고 작품 설명도 몇 가지 더 해 올 수 있게 피드백했다. 하지만 다시 가져온 작품설명서도 그다지 나아지지 않았다. 나도 모르게 인상이 찌푸려지고 다시 해 오라고 했다.

"이 정도면 됐잖아요?"

"그래도 수행평가인데 여기 부분을 조금 보충해 볼까?"

"아. 귀찮아. 그냥 '매우 잘함' 안 받아도 돼요."

귀찮아서 하기 싫다는 말을 아무렇지 않게 하는 혜진이를 보며 한숨이 났다. 힘든 활동도 아닌데 귀찮아서 하기 싫다고 하면 진짜 힘든 활동은 어떻게 해야 하나 싶어서 걱정되었다.

수업은 참 어렵습니다. 교육과정도 분석해야 하고 아이들 성향도 파악해야 합니다. 수업만 준비하라고 하면 그래도 어떻게든 해볼 텐데 수업 말고도 학교의 업무도 해야 합니다. 하지만 아무리 업무가 몰아쳐도 교사이기에 수업 준비를 소홀히 할 수는 없습니다. '어떻게 하면 더 즐거운 수업이 될까? 재미있게 할까?'를 고민하며 수업을 준비합니다.

수업을 구상하고 활동을 준비할 때 교사는 아이들의 반응을 떠올립니다. "우와! 선생님 재미있어요", "또 해요, 또 해." 이런 말을 하며 웃는 아이들을 상상하기도 합니다. 시간과 에너지를 쏟은 만큼 즐겁게 수업에 몰입하여 참여하는 아이들의 반응을 기대하는 것이지요.

하지만 재미없다, 귀찮다는 말 한두 마디로 모든 에너지가 사라지는 것을 경험하기도 합니다. 그래도 준비한 수업을 열심히 이끌고 나가지만, 색칠하기도 대충, 글쓰기도 대충, 책 읽기도 대충, 뭐든 대충하고 넘어가 버리는 아이들 때문에 힘이 쭉 빠지지요. 뭐든 귀찮다는 표정과 행동은 다른 아이들에게까지 영향을 미쳐 수업 분위기가 엉망이 될 때도 있습니다.

무엇이든 대충하는 아이를 보면 당황스럽습니다. '왜 열심히 하지 않을까? 이만큼 보조해 주고 활동할 수 있게 도움을 주는데 말이야'라는 생각도 듭니다. 아이들의 입장은 어떨까요? 열심히 해서 활동지를 제출했는데 더 열심히 하라고 하고 뭔가 더 써오라고 합니다. 무엇을 해야 할지 모르는데 자꾸 열심히 하라고 합니다. 얼마만큼 에너지를 쏟아서 하는 게 정성이고, 열심히 하는 것일까요?

스스로 공부할 수 있게 책임감을 주세요

아이들은 자신이 좋아하는 것은 아주 열심히 합니다. 좋아한다는 것은 자신이 생각하는 목표에 도달해 본 성공의 경험이 있기 때문입니다. 다르게 말하면, 무언가를 좋아하게 하려면 성공 경험을 주어야 한다는 것입니다. 그러니 먼저 스스로 목표를 정해보게 하는 것이 좋습니다. 수학 문제를 풀어야 한다면 '5분 안에 2문제 풀기'로 스스로 목표를 정하고 실행하게 하는 것입니다. 스스로 선택했기 때문에 더욱 책임감을 느끼고 끝까지 해내려고 노력하게 됩니다.

최선을 다하거나 성공의 경험이 없는 아이들은 '열심히, 최선을 다해서'라는 것이 어느 정도인지 알지 못합니다. 아이들에게 최선을 다하는 것이 어떤 것인지 성공의 경험을 주세요. 도움을 받더라도 그동

안 대충했던 일을 오랜 시간 공을 들여 성공하는 경험을 여러 번 갖게 하여 '최선을 다했구나, 열심히 했구나'를 스스로 느끼게 하는 겁니다. 목표에 도달하고 성공을 경험한 아이들은 목표를 이루기 위해 스스로 노력하고 책임져야 할 부분이 있음을 알게 됩니다.

활동을 확인할 때도 '다 했어?'라는 완료의 확인이 아니라 그 활동에서 아이가 얼마만큼 열심히 했는지를 확인하는 것이 좋습니다.

"오늘 활동에서는 어떤 부분이 제일 어려웠나요?"

완성도를 높이려고 노력한 부분에 대해 집중하여 관찰하고 피드백으로 에너지를 올려주세요.

"5분 안에 2문제 푸는 것은 어렵지 않았나요? 3문제 푸는 것을 도전해 볼까요?"

"지붕의 모양 아래쪽을 더 길게 그렸군요. 지붕 모양이 안정적이라서 좋아요."

책임감으로 완성도를 높여 주는 말

"오늘 도전할 목표를 정해볼까?"

"그래 너는 지금 성장하고 있어. 응원할게."

"지난 수학 시간보다 두 문제나 더 풀어왔구나!. 고마워."

"책을 읽고 친구의 생각 폭을 넓힐 수 있는 질문을 만들었구나."

"목표로 정한 것에 성공했구나! 선생님도 뿌듯해!"

잘하고 싶은 아이에게
친절을 가르쳐 주세요

11월 2일

"선생님, 혜진이가 자꾸 제 것을 보고 써요."

"아니에요, 선생님. 그냥 썼는지 확인하는 거예요."

"아니잖아. 너는 전에도 내 공책 보고 썼잖아!"

수업이 시작되면 어김없이 영선이의 불만의 소리가 교실을 울린다. 매번 자기 것을 친구가 보고 쓴다는 볼멘소리다. 짝이 네 생각을 궁금해해서 그렇다고 해도 절대 허용하지 않는다. 그런데 정작 자기가 잘 모르거나 못하는 활동은 친구들이 보여주지 않는다고 징징거린다.

모둠 활동을 해도 영선이는 자기가 하고 싶은 역할만 하려고 한다. 친구들의 불만은 아랑곳하지 않고 자신에게 양보하지 않는 친구 탓만 할 뿐이다.

공부도 활동도 친구와 함께 나누고 서로 배려해야 한다고 매번 말하지만 통하지 않는다. 영선이를 위한 나와 아이들의 양보와 배려만 늘어간다.

"선생님, ○○이가 모둠 활동 안 해요."

"○○이가 제 공책 보고 해요."

"선생님이 하지 말라고 했는데 ○○이가 계속해요"

한 차시 수업을 하면서도 수십 번의 고자질이 오갑니다. 자신의 것을 보고 하는 것에 대한 불만도 많고, 자신이 제일 잘하고 싶은 마음도 드러냅니다. 아이들이 서로 생각을 공유하며 자유로운 분위기에서 학습을 하면 얼마나 좋을까요?

잘하고 싶은 마음에 친절을 덧입혀 주세요

잘하고 싶어 욕심을 부리거나 자신의 이익을 위해 다른 친구를 깎아내리는 아이에게 필요한 힘은 무엇일까요? 친구를 배려하고 양보하는 마음, 친절입니다.

친절의 힘을 기르기 위해 아이들이 배우고 익혀야 하는 것이 있습니다. 바로 수업에서의 태도입니다. 수업 시간이 되면 바른 자세로 앉아 수업을 준비하는 태도, 수업 활동에 적극적으로 참여하고 열심히 하는 태도와 함께 마음의 자세를 바로 하는 것이 필요합니다. 열심히 하려는 마음, 경청하는 태도, 책임감, 친구를 존중하고 배려하는 마음 등이 있습니다. 여기에서 중요한 것은 친구를 존중하고 배려하는 친절한 마음입니다.

수업에서 친구를 존중하고 배려하는 것은 어떤 것이 있을까요?

실수한 친구를 '괜찮아. 다시 하면 돼' 라고 위로하고 응원하는 마음, 나와 학습 속도가 다른 친구를 기다려 주는 마음, 내가 공부한 내용을 친구에게 설명해 주는 배려 등이 있습니다.

아이들은 나눔에 익숙하지 않습니다. 수업 시간에 짝이 공책을 보기만 해도 짜증을 내는 아이도 많습니다. 짝 활동 중 '서로 설명해 주기, 함께 질문 만들기, 함께 정답 찾기' 등은 자연스럽게 서로 배울 수 있는 상황을 만들어 나눔을 유도할 수 있습니다.

비울수록 채워지는 것이 나눔입니다. 수업 활동에서 아이들의 나눔을 유도할 수 있습니다. '도와줄래?', '도와줄까?'를 수업 활동의 일부분으로 만들어 보세요.

나눔을 전제로 선택의 기회를 주는 것도 좋습니다.

"네가 쓴 내용이 마음에 들었나 봐. 너는 1번과 2번 중에서 어떤 것을 나누어주고 싶어?"

친구가 내 것을 베껴 쓰는 것이 아니라 내가 배운 지식을 나누어 주는 것은 '친절'임을 이야기하면서 1번과 2번 중에서 선택할 수 있게 합니다. 수업에서 배움을 나누고 그 나눔의 기회를 스스로가 선택하게 함으로써 작은 행동에 가치를 부여하는 것입니다.

그래도 자신의 것을 보여주기 싫어하거나 욕심을 부리는 아이도 있을 것입니다. 그런 아이에게는 다른 친구의 친절이 어떤 효과를 가져오는지 지켜보며 스스로 느낄 수 있도록 기회를 주세요.

친절은 강요가 아니라 마음에서 우러나와야 꾸준히 이어질 수 있습니다. 배려와 나눔을 실천하는 아이들을 끊임없이 관찰하고 칭찬의 한 마디도 잊지 마세요.

친절로 이끄는 말

"도와줄 수 있겠니?"

"짝과 1번 문제를 함께 해결하였구나. 고마워."

"짝에게 친절하게 설명해 주었구나. 짝을 배려하는 마음이 예쁘구나."

"친구가 잘 모르는 문제를 함께 해결해 주었구나. 고마워."

편 가르기가 시작될 때
함께하는 마음을 알려주세요

11월 15일

끼리끼리 친한 아이들이 있다는 것은 알고 있었지만, 혜진이가 따돌림을 당할 위기라는 것은 전혀 눈치채지 못했다. 영선이와 자주 어울리며 친하게 지내는 줄 알았는데 혜진이의 일기를 읽고 깜짝 놀라 수업을 마치고 남겨 사정을 들어보았다.

한 달 전쯤 반 친구 몇몇이 놀이동산에 가기로 했는데 영선이가 연락도 없이 약속을 취소하고 나머지 친구끼리 놀았다는 것이다. 왜 그런지 알고 있느냐고 물어보니 자기도 잘 모르겠다고 한다. 그래서 오늘은 영선이를 불렀다. 왜 내가 불렀는지 말도 꺼내기 전에 먼저 말을 꺼냈다.

"혜진이가 먼저 약속 깼어요. 자기는 못 간다고 했어요. 그래서 안 가는 줄 알았어요. 그리고 방학 때 혜진이가 먼저 놀자고 해 놓고 맨날 약속을 안 지켜서 같이 놀기 싫어요." 그래서 약속 장소와 시간이 바뀐 것도 말해 주지 않고 나머지 친구끼리 놀았다는 것이다.

우리 반은 따돌림 문제없이 아이들이 두루두루 잘 지낸다고 생각했는데, 아이들에 대한 관찰과 관심이 부족했던 걸까?

이 상황을 어떻게 해결해야 하나 싶어 머리가 아팠다.

따돌림은 사람들이 하는 일 가운데 가장 비겁한 행동입니다. 요즘 아이들의 따돌림은 과감하고 집요합니다. 겉으로 크게 드러나지 않아 자세히 관찰하지 않으면 그저 같이 어울리지 않는 정도로만 보일 때도 있습니다. 그리고 따돌림은 아니지만, 아이들이 상대방을 배려하는 마음이 부족해 자기중심적으로 말하고 행동해서 상처를 주는 일도 많습니다.

누군가에게는 '장난'이지만 다른 누군가에게는 '상처'가 되는 일이 교실에서는 흔히 일어납니다. 자기가 당하지 않기 위해서 동조하거나 방관하기도 합니다. 혼자가 될지 모른다는 두려움 때문에 누군가를 밀어내면서까지 자신이 끼어 있으려고 합니다. 이럴 때는 누구도 소외되지 않고 함께 지낼 수 있다는 것을 알 수 있도록 같이 놀면서 친해질 기회를 자주 마련해 주는 것이 필요합니다.

공존을 위한 관계의 기술을 알려주세요

아이들은 아직 관계를 맺는 기술이 부족합니다. 그래서 친구들과의 동질감과 일체감을 통해 자신의 존재를 확인하고 싶어 합니다. 친구를 따돌리는 행동에 동참함으로써 동질감을 느끼기도 합니다.

친구를 괴롭히는 아이들은 공격적인 성향이 있는 경우가 많습니다. 그리고 자신보다 약해 보이는 친구에게 위력을 행사하기도 합니다. 자신이 우월하다는 것을 과시하고 싶어 친구를 괴롭히거나 따돌리기도 합니다.

이런 아이들에게 친구와 공존하기 위해서는 내가 소중한 만큼 다른 사람도 소중하며, 그래서 누구도 다른 사람을 함부로 대할 권리는 없다는 것을 꼭 알려 주어야 합니다. 다른 친구를 괴롭히는 행동은 비겁한 행동이며, 친구 관계를 오래 유지할 수 없고 오히려 친구와의 사이를 멀어지게 한다는 것도 말해 주어야 합니다.

가해 학생과 피해 학생이 정해져 있는 것은 아닙니다. 누구든 가해를 할 수도 피해를 입을 수도 있습니다. 그렇기에 상대의 불쾌한 행동에 자기감정을 제대로 표현할 수 있게 해주세요. 자기감정을 솔직하게 이야기하고 친구와 공존할 수 있도록 말입니다.

"네가 모둠 활동에서 역할을 해주지 않아서 속상해. 너의 역할을 바르게 해주면 좋겠어. 도움이 필요하면 도와줄게."

그리고 그동안 자기 행동에 대해 생각해 볼 시간을 주세요. 자기 잘못을 잘 알아차리지 못하는 경우도 있기 때문에 직접적으로 이야기해

줄 필요도 있습니다.

"수업 시간에 적극적으로 발표해 줘서 고마워. 그런데 다른 친구들이 발표할 때 경청하지 않거나, 말할 때 끼어들어 네 생각을 말해 버리면 친구들은 많이 속상하단다. 친구들이 속상하지 않게 하려면 어떻게 하면 좋을까?"

친구와 사이좋게 지내야 한다는 것은 아이들도 너무 잘 알고 있습니다. 그럼 '사이좋게'에서 사이는 무엇이고 그것을 좋게 만드는 것은 무엇일까요? 아이들과 '사이좋게'는 어떤 것인지 이야기 나눠보세요.

"친구를 배려하는 거예요."

"친구와 싸우지 않는 거예요."

"친구가 생각하는 것을 존중해 주는 거예요."

친구의 의미를 한번 더 생각해보고 친구와 공존하며 살아갈 수 있을 것입니다.

함께하는 마음을 느끼게 하는 말

"우리 같이하자!"

"네 생각은 어때?"

"네 생각을 존중해."

"난 너를 믿어."

"언제든 네 생각을 말해줘."

욕하는 아이는
포용이 필요해요

12월 8일

민기는 수업 시간에 늘 산만하다. 주의를 줘도 늘 딴청 부리고 못 들은
척해서 나도 모르게 큰 소리로 민기의 이름을 불렀다.

"에이~ 씨X, 왜 나만 뭐라 해?"

순간 반 아이들 모두가 정적 상태로 있다가 민기를 보았다.

"왜 쳐다보는데, 짜증 나!, 씨."

학년 초에 약속한 '욕하지 않는 우리 반'을 아이들이 잘 지켜주었고, 나
도 그런 자부심으로 일 년을 지내왔다. 그런데 지난달부터 민기가 욕을
쓴다는 이야기가 들려왔다. 그래서 따로 민기와 이야기를 나누고 다시
는 욕을 하지 않겠다고 약속했다. 잘 지킨다고 생각했는데, 이런 일이
생긴 것이다. 자기도 모르게 툭 튀어나온 것일까?

잠시 멈칫하는 사이 아이들은 너도나도 민기가 욕하는 걸 들었던 일을 쏙쏙 알려주었다. 교과 전담 시간 수업실로 이동하면서, 운동장에서 축구하면서, 문구점에서…. 순간 머리가 멍하다. 지금까지 내가 지도한 것은 무엇이란 말인가?

아이들은 싸우면서 자란다는 말이 있습니다. 소소한 싸움 과정에서 스스로 방어하고 자기 권리를 주장하기도 하고 자기감정을 표현하는 방법이나 갈등을 해결하는 방법을 터득하기도 합니다. 하지만 유독 화를 주체하지 못하고 화가 나면 욕을 하는 아이가 있습니다. 욕을 하면서 아이들의 시선이 집중되면, 그것을 견디지 못하고 또 욕이나 과격한 행동으로 그 상황을 모면하려고 하기도 합니다.

화가 나는 감정은 자연스러운 것입니다. 하지만 그것을 욕으로 표현하는 행동은 엄격하게 지도해야 합니다.

포용의 힘으로 감싸요

아이가 화가 났을 때 아이의 마음을 헤아려 주는 포용이 필요합니다. 욕은 남의 인격을 무시하는 모욕적인 말입니다. 아이가 욕을 할 때 어떤 기분인지, 왜 욕을 했는지 물어보고, 감정을 제대로 표현할 수 있도록 알려 주어야 합니다. 아이가 어떤 상황에서 욕을 하는지 관찰하고 아이의 행동을 나무라기보다 아이의 속마음을 들어보고 대화를 해보는 게 필요합니다.

"선생님의 말이 혹시 네 기분을 상하게 했니?"

"친구의 행동이나 말에서 어떤 점이 네 기분을 상하게 했을까?"

욕을 한 지금의 감정을 반영해서 교사의 언어로 아이가 자기감정에 마주할 수 있게 말해 주어야 합니다.

교사 : ○○이가 기분을 상하게 했구나. 그래서 욕을 한 거구나.

학생 : ○○이가 욕하게 하잖아요.

교사 : 그랬구나, 욕을 하고 나니 기분 상한 건 좀 어때?

학생 : ….

교사 : 억울한 건 좀 줄었어?

학생 : 아니에요. 해야 할 말이 더 있는 것 같아요.

교사 : 무슨 말을 더하고 싶은지 말해 줄 수 있어?

학생 : ○○이한테 그 말 자꾸 하지 말라고 하고 싶어요.

교사 : 그렇구나. 진짜 하고 싶었던 말은 그거였구나.

이렇게 대화하면서 교사는 아이의 진짜 마음을 이해하게 되고, 아이는 자신을 화나게 한 친구에게 원하는 것이 무엇인지 알게 됩니다. 욕을 한 것에만 초점을 맞추면 알 수 없는 것이지요. 포용의 마음으로 아이를 대했기 때문에 아이는 이해받았다고 생각할 것입니다. 그리고 욕을 하는 것은 나쁜 일이며 강해 보이려 하지 않아도 된다고 알려 주면 됩니다.

아이가 화가 났을 때 화를 적절하게 표현하는 방법을 구체적으로 가르쳐 주어야 합니다. '분하다, 섭섭하다, 속상하다, 초조하다, 참담하다, 가슴 아프다' 등의 감정표현을 할 수 있게 연습해 보는 것도 좋습니다.

"화가 많이 났구나. 욕 말고 다른 말로 너의 기분을 표현해 볼까?"

자신의 마음 상태를 단어로 표현하고 그것을 해소할 수 있는 적절한 방법을 제시해 주어도 좋습니다. 종이 찢기, 노래 부르기, 운동장 돌기 등 화를 푸는 다양한 방법을 친구들과 함께 해보도록 권하는 것도 좋습니다. 또 욕 대신 그 자리에 다른 말을 넣는 연습을 해보는 것도 효과가 있으며, 모둠 활동이나 짝 활동 중에 욕을 하는 경우가 생긴다면 존댓말을 사용하게 하는 것도 좋은 방법입니다.

욕하는 아이를 포용하는 말

"선생님의 말이 혹시 너의 기분을 상하게 했니?"
"괜찮아? 지금 많이 불편하니?"
"지금 네 마음을 다른 말로 표현해 볼까?"

3부

긍정의 에너지가
가득한 교사

5장

긍정에너지로
감싸 안기

나를 다른 사람과
비교하지 마세요

4월 15일

수업 공개를 협의하다가 학년 선생님과 한바탕 설전이 오고 갔다. 마음을 다치게 한 것은 아닌지, 그 선생님은 왜 그렇게 반응했는지 궁금하다. 하지만 그에 못지않게 감정이 격해졌던 나를 돌아본다.

싫은 소리를 내가 다 듣는 거 같아서 억울했나 보다. '나 때는 말이야'가 절로 나온다. 교사가 수업을 공개하는 건 당연한 거 아닌가? 애써 수업을 나누려는 사람도 줄어드는 것 같아 속상했었는데, 그 선생님 탓으로 돌리고 싶은 마음이 있었던 거 같다. 아니면 내가 개구리 올챙이 적 생각을 하지 못하고 그 두려움을 너무 아무렇지도 않게 다루는 것일까? 안타깝고 서운하고 복잡하다.

코로나19로 교실 문이 닫히면서 수업을 보고 나눌 기회도 많이 줄었습니다. 이제 대부분의 교육활동이 코로나 이전으로 점차 회복되고 있지만, 수업 공개는 그 속도가 더딥니다. 그것은 수업 공개에 대한 부정적인 시각이 있기 때문입니다. 그중 한 가지는 수업에 대해 협의하는 과정에서 서로 마음만 상하게 된다는 것입니다.

'충분히 생각해서 계획했고, 자료도 잘 찾아서 하는데 뭐가 문제라는 거야?'

'어떻게 나한테 이럴 수 있지?'

'서로 칭찬하고 격려하기만 해도 될 것 같은데 왜 기운 빠지게 자꾸 평가하려고 하지?'

'내가 옆 반 선생님하고 비교당할 필요가 있나? 자존심 상해!'

자존심은 자존감과는 달리 쉴 새 없이 자신을 타인과 비교하려는 마음입니다. 자존심이 센 사람은 누군가가 자신의 부족함을 이야기하면 민감하게 반응하고 기분 나빠합니다. 타인의 평가로부터 자유로워지고 스스로 자신의 가치를 높게 볼 수 있어야 합니다. 할 수 있는 일을 해내면서 자기 가치를 확인하고 자기를 긍정적으로 볼 때 스스로의 가치를 높일 수 있습니다.

비교하는 대신 책임감으로 자존감을 높여요

책임이란 '몸과 마음을 집중해서 최선을 다한다'라는 뜻입니다. 책임감이 강한 사람은 제 일에 열심입니다. 자기 일에 책임을 다하는 과정에서 자신의 강점을 찾고 그것을 통해 긍정적으로 자신을 보는 것이 필요합니다.

수업 공개는 귀한 시간이지만, 수업 기술이나 자료에 집중되는 경우가 많아 무척 부담스러운 시간이기도 합니다. 새로운 아이디어로 에듀테크를 활용하며 돌발 상황이 생기지 않는 수업이 우수한 수업이라는 시각도 한몫합니다. 하지만 아이들의 배움에 관심이 증가하고 전문적 학습공동체에서의 수업 나눔이 확산되면서 실제적인 것을 보여 주고자 하는 교사가 늘고 있습니다.

새로운 아이디어로 새로운 기술을 도입해서 시도하는 수업도 분명 필요합니다. 하지만 일주일에 20시간 가까이 되는 수업을 소화해 내면서 하기에는 어려움이 많습니다. 그리고 연극처럼 짜인 수업에서는 아이들과 상호작용을 하면서 배움을 유도하기가 힘들다는 것도 알고 있습니다.

그렇기 때문에 늘 먹는 '집밥'과 같은 수업을 공유해야 합니다. 화려한 수업이 아이들의 배움이나 교사의 수업력 성장과 바로 연결되는 것은 아닙니다. 컨설팅받으면서 수없이 많은 방법을 제안받지만, 효과적인 기술들이 교사의 수업에 바로 받아들여지지는 않습니다.

선생님들은 '집밥'과 같은 일상의 수업 공개를 희망하지만, 익숙한 만큼 자신의 수업에 특색이 없음을 고민합니다. 그 걱정은 보이는 화려함으로 해결되는 것이 아니라, 아이들의 배움과 선생님의 수업 의도가 어떻게 수업에 녹아 있는지를 중요하게 여기는 생각의 전환만이 해결할 수 있습니다.

'저 방법도 좋은 생각이네. 다음에는 그렇게 해봐야겠다.'

'그래 그럴 수도 있지. 그렇게 하는 것도 괜찮아.'

'그렇게 하는 건 다른 해결 방법이지 틀린 건 아니야.'

'문제가 생긴다면 함께 해결할 수 있어.'

"선생님이 제 옆반이라서 너무 고마워요."

"우리 반 문제를 함께 고민해 주셔서 고마워요."

갈등 상황에서
중심을 잡아요

4월 22일

최근 몇 해 동안 계속 저학년을 맡았는데, 올해는 학교를 옮겨와서 고학년을 맡게 되었다. 같은 말을 여러 번 반복하지 않아도 알아서 척척 해내는 모습이 놀랍고 대견하다. 이게 고학년의 맛인가 싶다.

반면에 내게 쪼르르 달려와 모든 걸 말해 주는 저학년과는 달리 내 눈을 피해 저희끼리 수군수군, 자신들만의 영역이 있음을 뚜렷이 드러내는 모습은 낯설고 어렵다.

그중에서도 제일 곤란한 것은 무리 짓기였다. 그날그날 마음 맞는 대로 스스럼없이 어울리는 저학년과는 달리 단짝이 있어야 하고 '우리 패거리'의 색깔을 분명히 드러내기도 했다.

수업에서 자유롭게 모둠을 만들어 협동하는 과제를 주면 팀 구성에서 이상한 기류가 흘렀다. 그 상황에서 따돌림이 감지되기도 했다. 오늘도 그랬다. 5교시에 그런 낌새가 있어서 슬쩍 다가갔더니 모른 체 해주기를 바라는 눈치였다. 스스로 갈등을 해결할 수 있도록 조금 물러서서 지켜보아야 사회성이 발달할 수 있다는 것도 알지만, 혹시 모를 일이었다. 작은 불씨를 내버려 두는 것일 수도 있기 때문이다.

'이러지도 못하는데, 저러지도 못하네!' 노랫말이 생각난다.

교사는 쉬는 시간에도 책상 앞에 앉아 컴퓨터로 밀린 업무를 처리하거나 주변을 정리하고 다음 시간 수업을 준비합니다. 하지만 온통 그 생각으로 꽉 차 있는 것은 아닙니다. 눈과 귀는 항상 아이들을 향해 열려 있습니다. 휘리릭 둘러본 교실 풍경, 까르륵 터지는 웃음소리를 통해 지금 교실이, 우리 아이들이 안전하고 평안한지 살핍니다.

세심하게 아이들을 관찰하는 선생님은 금방 알아차립니다. 누가 누구랑 어울려 다니는지, 아이들의 관계도가 어떻게 변하는지, 쉬는 시간마다 어울려 나가는 아이들은 누구이고, 자기 자리에서 꼼짝하지 않고 혼자 있는 아이는 누구인지 말입니다.

교사 : 어? 너희 오늘은 왜 5총사가 아니고 4총사야?

학생 : 아, 뭐, 그럴 때도 있죠.

교사 : 그래? 무슨 일 있는 거 아니야? 선생님이 좀 도와줄까?

학생 : 아니에요. 괜찮아요. 얘들아, 가자!

괜찮다고 하지만 평소와 다르다는 것을 선생님은 이미 눈치챘습니다. 그러나 아이들이 감추고 싶어 하니까 잠깐은 모르는 척 눈감아 주기도 합니다.

갈등의 상황에서는 기울어지는 쪽에 서 주세요

여럿이 모인 집단에서는 항상 이런 일이 있습니다. 누군가는 약간의 소외감을 느끼는 순간 말이죠. 더구나 아이들은 아직 어리기 때문에 이런 경험을 반복하면서 여럿이 어울려 아름답게 공존하는 방법을 익혀나가게 되지요.

앞의 상황처럼 무리에서 흔들림이 발생했지만, 아이들이 '어른'의 개입을 원하지 않을 때 '어른'은 어떻게 하면 좋을까요? 그럴 때는 흔들림으로 인해 기울어진 쪽에 관심을 가져 보세요. 함께 있는 4명이 아니라 혼자가 된 1명에게 다가가야 합니다. 원한다면 혼자 있지 않도록 그 아이와 한편이 되어 잠시 머물러주세요.

교사 : 오늘은 왜 혼자야? 맨날 같이 다니던 5총사들은?

학생 : 아, 뭐….

교사 : 선생님이 도와줄 일이 있을까?

학생 : …

아이가 거부하지 않는다는 것은 도움 요청의 신호로 보아도 좋습니다. 그렇다고 해도 술술 이야기하지 않을 수도 있습니다. 그럴 때는 그냥 곁에 앉아서 다른 이야기를 나누거나 작은 일거리를 맡기면서 선생님을 도와달라고 요청하는 것도 좋습니다. 그냥 혼자 있게 내버려 두지 않으면서 잠시만 시간을 벌어주어도 자연스럽게 회복하거나 다른 무리와 다시 편안하게 어울려 지낼 거예요.

먼저 다가와서 말하는 아이가 있다면 그 이야기에 귀 기울여주세요.

아이가 선생님께 와서 이야기할 때는 말하고 싶은 무언가가 있기 때문입니다. 그저 이야기를 들어주기만 해도 될 때가 있지만, 때로는 문제를 해결해 주거나 함께 고민해야 하거나 얼른 달려가야 할 때도 있습니다. 골든타임을 놓치지 마세요!

갈등 상황에서 중심을 잡아 주는 말

"요즘 어때? 편안하고 재미있니?"

"지금 뭘 하고 있니? 바쁘지 않으면 선생님 좀 도와줄래?"

"선생님과 시간을 보내줘서 고마워!"

무례함은
감사함으로 안아요

5월 4일

기쁜 마음으로 편지를 쓰고 캐릭터 스티커를 만들었다. 반 전체 분량을 만들려니 부담스러웠지만, 기뻐할 아이들을 생각하니 힘든 것도 잠시였다. 나에게는 의미 있지만, 다른 사람에게는 의미가 덜 하다는 것도 안다. 사람마다 다르게 생각하고 중요한 것이 다르다는 것도 안다. 하지만 너무 서운하다. 기분이 좋지 않았다. 아이들의 표정을 생각하며 설레었던 감정은 더 이상 없다.

기분이 갑자기 상하게 된 교실의 장면이 떠올랐다. 아이들이 가고 바닥이나 쓰레기통에 버려진 스티커를 보았던 순간이었다. 어려서 그런 것이겠지만, 무례하다고 생각했던 것 같다.

나의 좋은 의도와 수고에 대한 배려가 없어서 더 많이 섭섭했다. 어린

이날이 지나고 아이들이 오면 어떤 말로 시작하면 좋을까? 아이들과 나눌 말을 찾아보아야겠다.

　수업과 생활지도를 할 때 의외로 고맙다는 말을 듣는 경우는 드뭅니다. 열심히 준비한 편지와 스티커를 나누어 주어도 그 귀한 말을 듣기란 어렵습니다. 물론, 그럴 수 있습니다. 선물을 주는 교사는 아이 수만큼 "고맙습니다"라고 말하면서 건네줍니다. 그런데 스티커가 마음에 드는 아이는 마치 맡겨놓은 것을 가져가는 것처럼 하나 더 달라고 무례하게 굽니다. 무례함은 다음 상황에서 더 생기는데, 마음에 안 들면 버리기도 합니다. 아이들에게 먼저 다른 사람의 호의와 정성에 대해 어떻게 행동해야 하는지 알려주어야 합니다.

　전화를 받았는데 상대방이 다짜고짜 소리를 지르면 누구나 무례함을 느낍니다. 자신이 누구인지 밝히지도 않고 받는 사람의 상황은 살피지도 않고 할 말만 하니까요. 아이들이 그런 행동을 하면 가르칠 수 있습니다. "전화할 때는 누군지 먼저 밝히는 거란다. 그리고 전화 통화를 할 수 있는지 물어보는 거야. 전화를 받아도 통화가 어려울 때도 있거든" 하고 알려주면 됩니다.

　하지만 학부모님의 경우에는 좀 다릅니다. 소리를 지르는 경우는 일방적이라 끼어들 타이밍을 찾기도 어렵습니다. 결국, 큰 소리를 낸 이유가 오해였음이 밝혀지면, 상대의 무례함에 대한 불쾌감은 더욱 커집니다. 전후 사정을 정확하게 모르고 화를 내었다면 잘못에 대한 인정과 사과가 필요하지 않을까요?

무례함은 감사함으로 감싸 주세요

예의를 지킨다는 것은 상대방에 대한 존중을 포함합니다. 무례한 행동은 존중받지 못했다고 생각하게 만들어 기분을 상하게 합니다. 부정적인 에너지에 대해서는 감사함의 긍정적인 에너지를 발휘해 보세요.

감사함은 상황을 긍정적인 관점으로 볼 때 생기는 감정입니다. 아주 사소한 것, 당연한 것에 대해서도 바꾸어 생각해 보면 긍정의 힘을 만들 수 있습니다. 건강하게 눈을 뜨고 아침을 맞이하는 것, 오늘도 우리 반 아이들이 교실에 모두 앉아 있다는 것, 앉아서 공부할 책상이 있다는 것, 서로 이야기를 나눌 거리가 있다는 것 등 모든 것에 감사함을 표현할 수 있습니다.

소리를 지르며 화를 내는 사람에게는 어떤 감사함을 찾을 수 있을까요? 다른 사람에게 전화하지 않고 내게 먼저 전화해 준 것에 감사를 표할 수 있습니다. 그 표현만으로 상대방의 무례함에 변화를 일으킬 수 있습니다. 화를 내고 있는데 감사하다는 말을 들으면 당황스러움을 느낄 것이고 상황을 조금 더 객관적으로 볼 수 있게 되는 것입니다.

타인의 배려는 당연한 것이 아닙니다. 배려는 조건 없이 도와주거나 보살펴 주려고 마음을 쓰는 것입니다. 해주고 싶은 바를 혼자 짐작해서 하는 것이 아니라 상대방이 원하는 것을 해주는 것입니다. 눈치를 보면서 감정이 상하지 않도록 비위를 맞추어 주는 것을 배려라고 착각하기 쉽습니다. 그렇게 하는 것은 상대에게 좋은 사람, 따뜻한 사람, 배려심 깊은 사람이 되고 싶은 것이지 진정한 배려를 했다고 하기는 어렵습니다.

배려받지 못했다고 억울해하는 아이들이 있습니다. 배려는 억지로 강요해서 받아 낼 수 있는 것이 아닙니다. 친구의 마음에 들기 위해 자기가 하고 싶은 것을 포기하는 것이 아니라 존재에 대한 감사한 마음으로 하는 행동이 배려입니다.

무례함을 감싸 주는 말

"먼저 전화해 주셔서 감사합니다."
"우리 반이어서 감사합니다. 고맙습니다."
"덕분이야. 고마워."

맨날 그래도,
맨날 감사해요

5월 16일

오늘도 민기와 같은 모둠 친구들이 불만을 쏟아냈다. 교실에서 문제는 민기가 다 일으키는 것 같다.

협동화 그리기를 하는데 이상한 그림을 그려서 친구들이 짜증을 냈다.

좋은 말로 타일러 보아도 행동은 잘 변하지 않았다.

"민기야, 모둠 친구들이 싫어하는 행동은 안 하면 좋겠구나."

잠시 모둠 활동을 하는 듯하다 또 말썽을 부렸다.

나도 모르게 "민기야!" 하고 큰 소리로 아이의 이름을 불렀다. 하지만 민기는 별다른 반응도 없고 "쟤, 원래 그래요, 맨날 그래요. 3학년 때도 맨날 선생님께 혼났어요"라며 오히려 다른 아이들이 소리치며 알려 준다. 원래 그런 게 어디 있니?

"맨날 그래요."

"원래 공부에 관심이 없어. 장난만 쳐."

"원래 목소리가 작아요. 발표를 잘 안 해요."

수업에 집중하지 않고 장난을 치거나 활동하지 않은 아이를 나무라면, 옆에 앉은 아이들이 '맨날 그래요. 원래 그래요'라며 비난의 목소리를 쏟아냅니다. '원래 그렇다'라는 것은 무엇이 원래 그런 걸까요? 왜 원래 그런 아이가 된 걸까요?

새 학기를 맞이하면 우리 반 아이들은 어떤 아이들일지 궁금합니다. 잔뜩 기대감을 가지고 새 학년을 맞이하기도 하지만 "선생님 반에 ○○이 말이에요…" 하고 그 아이에 관한 묻지 않은 이야기까지 전해듣기도 합니다.

원래 그런 아이는 없습니다. 원래 그랬어도 지금은 그렇지 않을 수도 있습니다. '원래 그런 아이'로 단정 지은 것이지요. '원래 그런 아이'라는 단정은 아이의 부족한 면에만 집중하게 하고 '맨날 그런 아이'의 원인이 되기도 합니다.

"쉬는 시간에 놀 때는 목소리가 크더니 발표할 때는 왜 이렇게 목소리가 작아? 큰소리로 발표해 보자."

잘하는 부분에 대한 칭찬 없이 매번 부족한 점만 지적하니 아이는 자존감이 떨어질 수밖에 없습니다. 아이의 장점을 살리기보다 부족한 부분을 채우는 데만 초점을 맞추니 '원래 그런 아이'의 특성이 부각됩니다. 어떻게 하면 '원래 그런 아이'에게 변화를 줄 수 있을까요?

맨날 그래도, 맨날 감사의 힘을 주세요

'원래 그런 아이'가 왜 그런 행동을 하는지 관찰해보면 아이의 기질 문제인지 가정의 문제인지 아이를 둘러싼 환경의 문제인지 알 수 있습니다.

이렇게 관찰하다 보면, 아이들은 자신들이 관심받고 있음을 알아차립니다. 관심을 받고 있다는 것만으로도 행동의 변화를 불러올 수도 있습니다. 그리고 아이가 긍정적인 행동을 할 때마다 감사의 힘을 주세요.

"친구들의 이야기를 잘 들어주고 있구나. 고마워."

왜 고맙다고 하는지 모르지만, 고맙다고 하니 아이는 고마움의 힘을 느낍니다.

감사의 에너지가 충분히 더해졌다면 '원래 그런 아이'의 행동을 변화시킬 수 있는 방법도 제시해 보세요.

하루 동안 자신이 어떤 말과 행동을 하는지 공책에 써보게 합니다. 자기 행동이 친구와 어떻게 다른지도 생각해 보고, 스스로 변화시킬 수 있는 행동은 어떤 것이 있을지 생각해 보게 합니다. 자신이 바꿀 행동을 스스로 선택하고 결정하게 하는 것입니다. 너무 많은 변화를 요구하면 아이도 선생님도 힘들 수 있습니다.

부정적인 말로 아이를 혼내는 대신 긍정의 에너지를 전해주어 아이가 스스로 바른길을 선택하게 해주는 것입니다.

교사 : 자리 주변이 많이 지저분하구나.

학생 : 네. 많이 지저분하지만, 지금 정리할 거예요.

교사 : 그래. 고마워!

감사에너지는 마음의 여유를 줍니다. 마음의 여유는 우리를 웃게 만들지요. 그리고 다른 사람을 수용하고 이해하는 폭이 넓어집니다. 원래 그랬던 아이도 감사에너지를 듬뿍 받으면 마음의 여유를 가지고 행동합니다. 그리고 감사에너지는 돌고 돌아 선생님에게도 친구들에게도 전달됩니다.

감사의 힘을 주는 말

"친구가 발표할 때 끼어들지 않고 순서를 기다려주었구나.
고마워!"

"친구들의 이야기를 잘 들어주어서 고마워!"

"매일 웃어 주어서 고마워!"

지각하는 아이는
이해로 감싸요

6월 2일

혜진이는 오늘도 지각이다. 새 학기 첫날부터 지각하더니 잔소리를 좀
하면 괜찮아졌다가 요즘은 잔소리도 소용없이 매일 지각이다.

아침 활동 시간에 오는 건 진짜 일찍 오는 거고 1교시 수업을 시작하고
들어올 때도 많다. 오늘도 한참 수업이 진행되고 있는데 뒷문을 빼꼼 열
고 들어오니, 아이들의 시선이 모두 뒷문으로 향했다. 다시 집중하게
하는 데 5분은 족히 걸린다.

제발 제시간에 오면 안 되겠니?

오늘은 늦잠을 자서 늦었단다. 어제는 활동지 숙제를 찾다가 늦었다고
했다. 결국, 활동지는 가지고 오지도 않았다. 엄마가 늦게 깨워줘서,
화장실 다녀오느라….

이 핑계 저 핑계. 핑계도 많다. 한 번만 더 지각하면 남아서 청소시키겠다고 으름장을 놓아도 소용이 없다.
혜진이의 엄마와도 지각 문제로 상담했는데, 며칠 일찍 등교하더니 다시 지각이 시작되었다.

매번 지각하는 아이들은 규칙을 잘 지키지 않는 경우가 많습니다. 그리고 규칙을 지키지 않는 행동이 친구들에게 피해를 줄 수 있다는 것도 잘 알지 못합니다. 평소 생활에서 계획성 없이 흘러가는 대로 하루를 보내는 경우가 많지요. 매일 지각하는 아이의 습관을 고치기 위해서는 규칙적인 생활을 할 수 있게 만들어 주는 것도 하나의 방법입니다.

가정에서 꾸준히 지도한다면 쉽게 아이의 습관을 바로 잡을 수도 있을 것입니다. 아침에 일어나는 시간과 밤에 잠드는 시간을 정해 지키게 하고 숙제하는 시간, 밥 먹는 시간 등 생활 패턴을 정하여 거기에 따라 활동하게 합니다. 시간을 지켜 생활하도록 하면 처음에는 힘들어할 수도 있습니다. 하지만 익숙해지면 스스로 시간을 조절할 수 있고 지각도 하지 않게 됩니다.

지각하는 아이의 마음을 이해해요

아이가 좋아할 만한 어떤 방법을 사용해서 습관을 고치겠다는 생각보다 지각하는 아이가 스스로 마음먹도록 도와주세요. 아이의 습관을 바르게 고치고 싶은 마음은 충분히 이해는 되지만, 습관을 고치는 일은 아이 스스로 해야 합니다. 여러 방법으로 자극을 주면서 아이 스스로 고칠 수 있도록 인내심을 갖고 기다려 주어야 합니다.

아이에게 물어보면 대부분 '늦게 일어나서, 엄마가 늦게 깨워줘서' 등의 이유를 말합니다. '다시 지각하면 혼을 내겠다'고 윽박지르면 아이는 거짓말을 해서라도 그 상황을 일단 피하려고 합니다. 이것이 되풀이되면 습관도 고치지 못하고 아이의 마음도 얻지 못합니다.

"그래, 늦잠 잘 수도 있지. 조금 늦겠다고 미리 연락해 준 건 정말 고마워. 걱정 안 하고 기다릴 수 있었어."

"안전하게 등교해 줘서 고마워."

지각을 했지만 건강하고 안전하게 등교해 준 것에 감사한 마음을 아이에게 전합니다. 지각했는데 감사하다는 말을 들은 아이는 어리둥절할 것입니다. 하지만 교사가 전하는 감사의 마음을 아이가 알게 되면서 지각하지 않고 등교해야겠다는 마음으로 바뀌게 될 것입니다.

지각하지 않은 날은 더 감사의 마음을 전해 주세요.

"이번 주에 3번이나 일찍 학교에 와 주었구나. 고마워."

일찍 등교했을 때 여유롭게 수업을 준비하고 친구들을 맞이하는 경험을 주는 것도 좋습니다. 마음의 여유는 친구를 이해하고 배려할 수 있게 해줍니다.

"네가 친구들을 맞이해 주니 교실이 더 밝아진 거 같아. 고마워."

지각하면 안 된다는 것은 알지만, 학교 가는 게 싫은 아이도 있습니다. 친구 관계 고민이나 가정에서의 문제 등으로 학교에서 존재감을 못 느끼고 재미를 찾지 못하는 아이에게 마음을 열고 처지를 살펴보세요.

"요즘 무슨 걱정이 있니?" 자주 지각하는 이유를 넌지시 물어보고 상황을 이해해 보는 것입니다.

지각하면 안 된다는 것도 약속을 지키지 못했다는 것도 아이는 말하지 않아도 이미 알고 있습니다. 그런 아이의 마음을 이해하고 먼저 마음을 말할 때까지 기다려 주세요. '얼마나 빠르고 쉽게 효과를 볼 것인가'가 아니라 아이에게 '가장 바람직한 방안'이 무엇인지 고민해 보고 이해하는 마음을 가진다면 아이의 습관도 조금씩 고쳐나갈 수 있을 것입니다.

긍정의 행동을 끌어내는 말

"선생님보다 일찍 왔구나. 고마워."
"이번 주에 세 번이나 아침 독서 시간 전에 왔네. 고마워."
"오늘도 안전하게 등교해 줘서 고마워."

표현하지 않는다면
중용의 자세로 소통해요

6월 26일

3월에 처음 만나 벌써 6월 말이 되었는데 여전하다. 질문에도 대답이 없고 모둠 활동에도 소극적이다. 체육 시간에는 잘하는 듯하다가 모든 것을 멈추기도 했다. 처음의 답답한 마음은 아이를 향한 것이었지만, 지금의 마음은 나를 향하는 것 같다.

어떻게 도울 수 있을까? 가끔 나와 눈을 맞추고 몇 마디 해주는 것을 어떻게 더 자주 더 강하게 나타내게 할 수 있을까? 혼자 기대감에 차서 이런저런 시도를 하고 좌절하고, 내 무능함을 질책하는 것이 반복되고 있다. 시끄러운 교실에서 혼자 멈춰 있는 그 아이가 오늘 밤 자꾸 마음과 머리에 남는다.

정도의 차이는 있지만, 적극적인 방법으로 자신의 존재를 표현하려고 하는 아이도 있고 먼저 자신의 존재를 드러내려고 하지 않는 아이도 있습니다. 절대 먼저 손을 들고 발표할 기회를 얻으려 하지 않고, 친구나 선생님의 시선도 원하지 않습니다. 다른 아이들과 갈등 상황도 잘 만들지도 않는 데다 공책 정리도 잘하고 준비물도 잘 챙겨오는 아이라면 교사가 피드백하거나 길게 대화할 수 있는 상황도 잘 생기지 않습니다. 교사가 대화하려 해도 고개를 끄덕이는 등 비언어적인 반응을 하기도 합니다.

하지만 교실 상황에서는 아이의 대답이 필요한 경우가 있습니다. 반복적인 질문에도 답하지 않으면 답답한 마음에 교사는 아이에게서 듣고 싶은 말을 대신하기도 하고 나름의 결론을 내립니다. 이런 과정에서 아이의 표정이 미세하게 변하는 것은 눈치채기 어렵습니다.

말로 표현하지 않는다고 모르는 것은 아니에요

생각나는 대로 바로 말할 수 있는 사람도 있고, 단어 선택에서 말하기까지 시간이 좀 더 필요한 사람도 있습니다. 또한, 어떤 것을 강요당하면 하기 싫어질 때도 있습니다. 그것이 평소 자신 없었던 것이거나 하기 싫은 것일 때는 더 그렇지요.

말을 하지 않는 데는 여러 가지 이유가 있을 수 있습니다. 말을 잘하지 못해 비난받았던 경험, 마음에 들지 않는 목소리, 선생님과 친구들의 주목을 받는 상황, 답이 틀릴까 봐 걱정하는 마음 등 다양합니다. 표현이 서툴러 자기 의도와 다르게 받아들여지는 경험을 했을 수 있습니다. 그런 경험 탓에 위축되기도 하고 오해받지 않기 위해 답을 피하기도 합니다. 원하는 답을 정해 놓고 아이는 동의하지 않는데도 다그치듯 하는 말에 아이는 마음의 문을 더 꽁꽁 닫아 버립니다.

어떤 표현도 하지 않는 아이가 자기 생각을 겉으로 표현하게 할 수 있는 것은 바로 상황에 맞게 적절하게 표현하도록 기다려 주는 중용의 마음입니다. 하지만 표현하지 않는 아이를 기다려 주는 것은 쉬운 일이 아닙니다. 시간이 부족하고 답답한 마음에 알려 주고 싶은 욕구가 솟구쳐 오르기도 합니다. 일방적으로 교사의 생각을 강요하는 것보다 표현을 하지 않는 아이가 아래 대화를 하기 위해서는 기다림이 많이 필요합니다.

교사 : 책에 나오는 인물 중에 누가 제일 마음에 들었어?

학생 : 여우요.

교사 : 여우가 마음에 들었구나, 여우가 어떤 행동을 했을 때가 제일 마음에 들었어?

학생 : 책에 소금을 뿌려서 먹는 장면요.

교사 : 책에 소금을 뿌려 먹으면 어떤 맛일까?

학생 : 책 내용이 맛있어질 것 같아요.

교사 : 방금 선생님과 나눈 이야기를 글로 써볼까?

아이는 선생님의 질문에 답하고 있지만 스스로 해결 방법을 찾아내고 있는 것입니다. 이렇게 스스로 답을 찾는 과정과 그런 경험은 그 어떤 강요보다 더 큰 힘이 있습니다.

"지금 네가 원하는 것을 말하지 않으면 기회를 주지 않을 거야"와 같은 강압적인 말은 행동하게 하지 않습니다. 오히려 절대 움직이지 않게 만듭니다. "그것도 몰라?"처럼 무지함을 지적하는 표현도 마음의 문을 닫게 만듭니다. 존재를 인정하는 말과 표정, 작은 반응도 소중하게 받아 주는 마음이 필요합니다. 교사의 시선으로 모든 것을 바라보며 아이의 반응에 '좋다, 나쁘다' 판단하는 일에 신중해야 합니다. 스스로 결정하게 기다려 주는 자세와 진심을 전하는 말이 필요합니다.

소극적인 아이의 표현을 이끄는 말

"너는 어떻게 생각하니?"

"친구들이 가장 좋아하는 책은 어떤 것일까?"

"사람들은 모두 생각이 다르단다. 정해진 답이 있는 것은 아니야."

"갑자기 질문해서 많이 곤란했겠구나. 공책에 적힌 것을 선생님이 친구들에게 읽어줘도 될까?"

자존심 세우는 아이에게는
어른답게 대응해요

7월 12일

국어 시간에 그림일기를 배우는데, 몇몇 아이가 자기는 7살 때부터 그림일기를 썼다고 자랑했다. 내가 놀라워하면서 굉장하다고 하자 다른 아이들이 자기는 6살 때 쓴 일기가 있다고 했다. 그렇게 해서 오늘의 뻥튀기가 시작되었다. 여기저기서 '나도, 나도' 하면서 5살까지 내려갔을 때 민기가 갑자기 벌떡 일어나면서 자기는 2살부터 썼다고 했다. 그러자 아이들이 수군거리면서 아무리 그래도 2살이 어떻게 글자를 쓰냐고 했고, 그런 반응에 민기가 폭발해서 책상에 올라가서 발을 쾅쾅 구르며 소리를 질러댔다. 자기 말을 안 믿어줄 때 민기가 심하게 화를 낸다는 것을 친구들도 알기 때문에 조그만 소리로 수군거렸지만 민기는 그 작은 소리도 잘 알아듣고 화를 냈다.

민기가 억지를 부리고 과장해서 얘기해도 지고 싶지 않은 마음에 그러는 거라 생각했는데, 그래서 더 심해진 건가 싶었다. 그래서 이번에는 입장을 이해하기보다 지켜보기로 했다.

지고는 못 사는 민기가 진짜 실력으로 이겨주면 좋으련만 지는 게 두려워서일까? 정작 완성된 그림일기는 볼품없었다. 민기가 이렇게 할 때마다 내가 어떻게 하는 게 올바른 대응인지 모르겠다.

초등학교 1학년은 아직 유아의 사고 수준을 벗어나지 못해서 자기중심성이 강하고 사회성이 부족합니다. 교실에서는 이런 상황을 자주 볼 수 있습니다. 한 아이가 반짝이는 색종이를 가져와서 친구들에게 보여주며 자랑합니다. 그러면 친구들이 이렇게 말합니다.

〔정서가 안정되고 사회성이 발달한 경우〕
"와, 정말 예쁘다. 이거 어디서 샀어?"
"좋겠다. 나도 한번 만져봐도 돼?"
"우와, 너는 이걸로 뭘 만들 거야? 나랑 같이하자."

〔보통의 1학년〕
"나도 있어. 전에 이걸로 보석 접기도 했어!"

"우리 집에도 많아. 전에 아빠가 한 통 사줬어!"

[자기중심성이 강하고 사회성이 덜 발달한 경우]

"야, 이리 줘 봐."(보자마자 휙 낚아채며)

"치, 난 또 뭐라고! 우리 집에 그런 것 1,000장보다 많이 있거든!"

좋아 보이는 물건이나 가지고 있지 않은 것을 보면 갖고 싶은 마음이 생깁니다. 부러운 마음에 무시하는 투로 과장해서 말하는 경우가 종종 있습니다. 물론, 그 상황에서 물건의 주인에 대한 배려는 하지 못하지요. 억지스럽게 우기고 나면 아이는 이긴 것 같을 수 있지만, 친구들은 거짓말을 하고 있음을 눈치채기도 합니다.

아이의 미숙함을 선생님의 포용력으로 덮어 주세요

어린이를 뜻하는 한자 어릴 유(幼)는 어리다는 뜻과 미숙하다는 뜻이 있습니다. 어리기 때문에 무엇이든 미숙한 것은 당연합니다. 아이들과 친구처럼 어울리며 놀아 주는 선생님은 아주 인기가 많지만, 그렇다고 모든 일에 어린이처럼 행동하는 선생님을 좋아하는 것은 아닙니다.

상대를 이해하고자 할 때는 '입장의 동일함'이 필요하지만, 판단하고 결정하고 중재해야 할 때는 '전지적 시점'으로 바라보아야 합니다. 한쪽을 편들거나 비난이나 조롱을 섞어 말하는 것은 어른답지 못합니다.

　선생님 안에는 자존심을 내세우며 과장하는 아이도, 친구의 말을 의심하며 반문하는 아이도 모두 품어주는 포용력이 있습니다. 지금 눈앞에 있는 아이들이 '어린이'라는 사실을 잊지 마십시오. 상황과 내용에 몰입해서 내가 '어른'이라는 사실을 잊어버릴 때가 있습니다. 아이들끼리 유치한 싸움을 할 때 어른은 함께 있음을 알리고 그저 상황을 바라보는 것이 필요합니다. 친구들의 미숙함에도 의젓하게 반응하는 아이가 있다면 그 곁으로 가서 눈을 마주쳐 주고 함께 웃으며 어깨에 손을 올려주기만 해도 다른 아이들은 선생님이 기대하는 반응이 무엇인지 깨닫습니다. 잘하고 있는 아이에게 더 큰 관심과 반응을 보이는 것도 좋은 방법입니다.

자존심을 부리는 아이를 포용하는 말

"그럴 수도 있군요."

"우와, 그랬군요!"

"8살이 쓰는 그림일기를 얼른 보고 싶네요!"

"친구의 말을 끝까지 들어주어서 고마워요."

"선생님도 ○○이에게 가서 이야기하고 싶네요. ○○이가 정말 이야기를 잘 들어주거든요!"

무기력한 아이에게는
선생님이 희망이에요

7월 24일

방학이 가까워지니 아이들도 나도 마음이 좀 느슨해진다. 진도도 거의 나갔고 방학이 코 앞이라 다소 어수선하기는 해도 한 달 정도 못 본다는 생각에 서로 좀 더 관대해지는 듯싶고 아이들의 표정이 더 잘 보였다. 여름방학을 맞아 '여름'을 주제로 미술 수업을 했다. 여름 하면 떠오르는 단어로 초성 퀴즈도 하고 빙고 놀이도 했다. 시원한 팥빙수 그림에 토핑을 입체로 만들어 붙이는 활동에 신나 하는 아이들이 보여 뿌듯했다. 하지만 평소에는 조용하고 쉬는 시간에도 늘 자리에만 앉아 있어 눈에 띄지 않았던 영선이가 하품을 하며 멍하게 있는 모습이 눈에 들어왔다. 공책 정리도 잘하고 수업 태도도 좋아서 별문제가 없다고 생각했는데 영선이의 표정이 어두워 보였다. 모두 하교하고 나서 영선이를 불러 무슨 일이 있는지 물어보았다.

"아니요. 아무 일도 없어요."

분명 무슨 일이 있는 것 같아서 다시 물었다.

"그냥 아무것도 하고 싶지 않아요. 그냥 하기 싫어서 그래요."

왜 아무것도 하기 싫은지 다시 물었지만, 아무 대답이 없었다. 다만, 표정으로 '귀찮다'라고 말하고 있었다.

늘 조용히 자기 할 일을 하는 아이였기에 세심히 살펴보지 못한 것이 마음에 걸렸다. 영선이에게 어떻게 힘을 줄 수 있을까?

"몰라요." "그냥요." "귀찮아요."

교실에서 듣고 싶지 않은 말들입니다. 이런 말을 들을 때마다 답답하고 화가 나기도 합니다. 재미있게 수업하려고 활동도 준비하고 게임도 준비했는데 귀찮다는 아이들의 반응에 속상한 마음도 생깁니다.

수업을 방해하며 엉뚱한 말을 하는 아이도 교사를 힘들게 하지만, 어떤 활동에도 반응하지 않는 무기력한 아이들과의 수업이 더욱 힘듭니다. 교실에서 무기력한 아이들은 학습된 무기력, 아이의 가정환경, 친구 관계 등 원인도 다양합니다. 무기력한 아이들에게 어떤 힘을 줄 수 있을까요?

말하지 않고 표현하지 않는다고 해서 아이가 현재의 상태를 개선하려는 노력을 포기한 것은 아닙니다. 선생님의 조그만 관심과 노력으로 무기력한 아이에게 희망을 줄 수 있습니다.

무력감을 느끼는 아이에게 친절을 베풀어 주세요

누구나 공부를 잘하고 싶어 합니다. 잘해서 칭찬받고, 그 칭찬에 신이 나서 더 열심히 합니다. 하지만 학년이 올라갈수록 학습량이 많아지고 공부가 어려워지면 '아무리 해도 나는 안 되나 보다' 하고 무력감이 쌓이게 됩니다. 아이의 무력감이 쌓일수록 교사는 아이의 조그마한 노력도 지지하고 응원해야 합니다. 아이의 노력이 쌓여 무력감을 떨쳐낼 수 있도록 말입니다.

글씨가 엉망이더라도 '일기를 쓰려고 노력했구나', 그림을 잘 그리지 못해도 '색칠을 빈틈없이 했구나'라고 아이의 노력을 긍정적으로 칭찬해 주는 친절을 베풀어 주세요. 교사가 베푸는 친절은 아이에게 교사에 대한 믿음으로 쌓입니다. 자신을 지지해 주는 교사의 믿음에 아이는 마음의 문이 열릴 것입니다.

아이들도 사람 볼 줄 압니다. 고학년 정도 되면 어디까지 자기 마음을 열어 보여줘도 되는지 나름 판단해서 말하지요. 양육 환경에 따라 개인차는 있습니다. 가장 가까운 어른인 부모나 주 양육자가 허용적이고 애정을 많이 표현한다면, 아이도 다른 사람에게 쉽게 마음을 열고 다정하게 대합니다. 엄격하고 강압적인 환경에서 자랐다면 다른 어른을 대할 때도 눈치를 많이 보고 경계를 늦추지 않으려 하지요.

정도의 차이는 있으나 대부분의 아이는 자기에게 친절하고 믿음을 주는 어른을 좋아합니다. 그리고 그런 어른에게 자기 마음을 이야기합니다. 처음에는 조심스럽게 아주 조금만 꺼내 놓습니다. 어른이 자신이 하는 말에 귀 기울이고 있다는 것을 확인하며 조금 더, 이해받는다고 느끼면 조금 더 깊은 이야기를 합니다.

아이의 고민이나 속사정을 듣고 나서 좋은 해결책을 제시할 수 있으면 좋겠지만, 그렇지 않더라도 자신을 존중하고 이해하는 믿을 만한 어른이 있다는 사실만으로도 아이들은 안심하고 희망을 가질 수 있습니다. 무력감을 느끼는 아이에게 필요한 것은 바로 자신을 믿고 지지하는 사람입니다. 믿을 만한 어른으로부터 '존중과 이해'를 받으면 아이는 자라서 또 다른 누군가의 믿을 만한 어른이 되어 줄 것입니다.

무기력한 아이를 이끄는 친절한 말

"괜찮아, 너도 할 수 있어."

"노력하는 마음이 중요한 거야."

"그런 고민을 하고 있었구나."

"해결 방법을 같이 찾아보자."

"선생님에게 이야기해 줘서 고마워."

의존의 마음은
내적 동기로 채워요

7월 25일

미술 시간이었다. 가위로 자르고 풀로 붙여서 평면을 꾸미는 활동을 했다. 그려진 선을 따라 오리는 것도 있었고, 직접 밑그림을 그려서 자르는 활동도 있었다. 아이들이 가위며 종이를 들고 내게로 왔다. 어떻게 활동하는지 확인도 하지 않고 나누어 준 활동지 그림만 딱 보고 바로 일어서서 나에게 왔다. 조금 복잡하긴 했지만, 충분히 할 수 있는 난이도라고 생각했는데. 한두 명이 아니었다.

5명 정도까지 오려주다 나도 힘이 드니까 화가 나기 시작했다. 들키지 않으려고 심호흡하고 나서 아이들에게 '스스로 도전해 보자'라고 말했다. 스스로 도전해 보는 것이 중요하다고, 매끄럽고 예쁘게 자르지 못해도 괜찮다고 말해 주었다.

대부분의 아이는 스스로 해보겠다며 가위를 들고 열심히 선을 따라 오리고 풀로 붙이며 활동을 시작했다. "선생님, 저 잘했죠?" 하는 아이에게 잘했다고 칭찬해 주었다.

하지만 혜진이는 여전히 내 책상 앞에서 있다.

"선생님, 도와주세요. 못하겠어요."

"칠판의 순서를 보면서 너 스스로 할 수 있어. 해볼까?"

"… 못할 거 같아요. 도와주세요."

정말 도움이 필요한 때도 있지만, 조금이라도 어려운 것은 스스로 하지 않으려고 하는 아이들도 있습니다. 운동화 끈을 묶어 보려고 시도하지도 않고, 수업 중에 생각하려고 하지 않습니다. 단계가 두세 개만 되어도 무조건 할 수 없다고 하거나 모른다고 합니다. 스스로 할 수 있는 활동인데도 조금의 고민조차 해보지 않고 도와달라고 합니다. 칠판에 순서를 적어 두어도 시도도 해보지 않거나 설명하는 것을 집중해서 듣지 않고 교사의 말이 끝나자마자 어떻게 하는지 다시 묻습니다. 하루에도 몇 번씩 이런 상황이 되풀이됩니다.

어떤 활동이든 스스로 하지 못하는 아이들에게 필요한 것은 '스스로 할 수 있다'는 교사의 믿음과 기다림입니다.

의존하는 마음은 믿음으로 기다려주세요

기다림은 어떤 때가 오거나 무엇이 이루어지기를 바라는 마음입니다. 아이에 대한 기다림은 성장에 대한 응원이며, 시간과 시선을 아이에게 전적으로 맞추어 주는 것입니다. 성장의 시작점에 있는 존재를 기다리는 것은 어려운 일입니다. 그 지점에 있던 시절을 잊거나 답답한 마음에 돕고 싶은 마음이 올라오기 때문입니다. 기다리는 것은 존재에 대한 사랑이 없거나, 신뢰하지 않는다면 절대 할 수 없습니다.

스스로 문제를 해결하려고 노력하는 것을 자발성이라고 합니다. 특히, 칭찬이나 상과 같은 외적 보상 없이 내적 동기를 바탕으로 적극적으로 대처하는 것을 말합니다. 교실에서의 자발성은 작은 성공의 경험을 쌓으면서 길러질 수 있습니다. 누가 대신해 주거나 시키는 것만 하는 아이들은 스스로 결정하기가 어렵고 수동적인 모습을 보입니다. 지나친 통제나 지시, 명령을 많이 경험했다면 내적 동기를 가지고 행동하기 어렵습니다. 아이들은 성장의 과정에 있고 그 속에서 실수할 수 있음을 인정하지 않는 어른들의 태도에서 실패감을 느꼈을 수도 있습니다. 그래서 실패가 두렵고 실패했을 때 어떤 상황을 겪을지 알기 때문에 미리 포기해 버리면서 혼자 할 기회를 점점 잃어 갑니다.

맥스웰 몰츠는 『성공의 법칙』에서 습관을 바꾸려면 최소 21일은 계속 반복해야 한다고 말합니다. 뇌에 습관을 각인시키는 시간이 필요한 것입니다.

교실에서도 반복이 필요합니다. 매일 아침에 등교하면 선생님과 친구들에게 인사하고 들어오기, 가방 자기 자리에 걸기, 오늘 필요한 교과서와 준비물 서랍에 넣어 놓기 등 활동의 루틴을 정해 주는 것입니다. 교사는 아이들이 깜빡하지 않도록 다시 말해 주거나 기회를 주고 스스로 할 수 있게 기다려 주면 됩니다. 잘한 부분은 칭찬해 주며 만족감과 성취감을 느끼게 해주세요.

자발성을 갖게 하려면 아이의 능력으로 할 수 있는 작은 단위의 목표를 세우고, 그 시작을 지켜보는 마음이 필요합니다. 실패하더라도 비난하거나 질책하지 않고, 성장할 것이라는 끝없는 믿음을 주어야 합니다. 일관성을 가지고 아이를 끝까지 지지하며 바라보아야 합니다.

스스로 할 수 있게 믿고 기다려 주는 말

"혼자 하기 힘들었겠구나. 그래도 스스로 할 수 있는 부분을 찾아볼까?"

"자리 정리를 스스로 했구나. 고마워."

"또 스스로 할 수 있는 부분을 찾아볼까?"

"괜찮아. 너무 어려워서 힘들었겠구나. 뭘 제일 먼저 하면 될까?"

"선생님이 옆에 있을게. 언제든지 도움을 요청할 수 있단다."

"첫 시도 만에 성공할 수 있는 것은 아니야. 한 번 더 해볼 수 있겠니?"

6장

긍정에너지
기르기

'처음'은 두렵지만
'선택'할 수 있어요

2월 24일

나이가 들수록 더 어려워지는 일도 많다. 오늘처럼 이렇게 근무지를 옮겨 낯선 환경으로 들어가는 일도 그렇다.

새 학년 맞이 연수 첫날 아침, 전입 교사들이 교무실에 모여 앉았지만 서로 말이 없다. 서먹한 이 순간의 공기가 어찌 이리 무거울까!

슬쩍 둘러보니 나보다 연배가 높은 분이 계시는 것 같다. 휴우, 다행이다. 전입교사 대표 인사는 저분께서 하시겠구나!

전입 첫해는 학년이든 업무든 주는 대로 받는 게 암묵적인 룰이다. 그러니 나에게 좋은 학년, 편한 업무를 주었을 리가 없다. 마음 단단히 먹어야겠다. 제발 올해가 무사히 지나가길…!

익숙하다는 것은 편안함과 안도감을 줍니다. 정겹지요. 능숙하고, 친근하고, 낯익은 상태를 말하며 자주 보거나 여러 번 반복했을 때 가능한 일입니다. 그런데 반대로 처음일 때는 어떨까요? 낯설고 어색합니다. 실수할까 봐 두렵고 걱정됩니다. 할 수만 있다면 이런 상황은 피하고 싶습니다. 처음엔 누구나 다 그렇습니다.

학교에서 만나는 '처음'을 떠올려 볼까요?

3월이면 새로운 친구나 동료와의 첫 만남이 있습니다. 새 학년 새 교실을 찾아서 문을 열고 들어갈 때의 마음은 선생님과 아이들 모두 두근두근 떨리고 긴장됩니다.

아이들의 3월은 주로 만남입니다. 학교가 처음인 1학년 중에는 '처음'이 주는 낯섦과 두려움을 이기지 못해 엄마 손을 놓지 못하고 교실에 안 들어가겠다고 울며 떼를 쓰거나 아예 집에서부터 등교를 거부하는 아이도 있습니다. 급식실에서 처음 보는 반찬이 나왔을 때 선뜻 손이 가지 않을 수 있습니다. 안 먹어본 음식이라는 이유로 강하게 거부하는 아이도 있습니다. 사람만 만나는 것은 아닙니다. 책, 교실, 화장실, 특별실도 모두 처음 만나게 됩니다.

해마다 반복되는 교사의 '처음'도 있습니다. 경력이 많은 교사라도 처음 맡게 되는 업무, 새로운 교육 방법이나 교과 내용, 달라지는 새 교육과정은 어렵습니다. 학교를 옮겼다면, 이전 학교에서와 같은 업무를 맡아도 새롭습니다. 일을 처리하는 방식이 학교에 따라 조금씩 다르기 때문이지요. 학부모 상담이나 교육과정 설명회 등으로 학부모님을 처음 만날 때도 긴장하게 됩니다. 아이들에 대한 생각이 어떤지 아직 알지 못하기 때문입니다.

스스로 선택한 일이라고 생각하면 나아갈 힘이 생겨요

무슨 일이든 마음먹고 처음 시작하기가 참 어렵습니다. 오죽하면 '시작이 반이다'라는 속담이 생겼을까요! 시작은 그만큼 어려운 일입니다.

누구나 '처음'은 두렵습니다. '스스로 통제할 수 없다, 내가 어찌할 수 없는 일이다'라는 생각이 두려움을 만들어 냅니다. 이 두려움은 걱정을 만들어 내고 도망가거나 숨게 만들기도 합니다. 그러나 가만히 생각해 보세요. 정말 내가 아무것도 선택할 수 없나요? 도망가거나 숨는 것도 나의 선택입니다. 그러니 반대의 선택도 할 수 있습니다.

회피 대신 직면하기, 도망가기 대신 다가가기

이제부터는 선생님이 스스로 선택한 일들을 할 수 있습니다.

사람들은 스스로 선택한 일은 끝까지 책임지려고 합니다. 또 우리의 뇌는 똑같은 물건이라도 내 것이라고 인식하면 그 가치를 더 높게 판단합니다. 그러니 내가 선택한 일은 더 잘될 것이라고 낙관하게 되지요. 그리고 자신에게도 아이들에게도 더 친절해집니다.

'올해 이 반을 맡게 된 건 운명이야. 왠지 다 잘될 것 같아!'

'처음 해보는 일이지만 물어가면서 하면 되지. 누구나 처음에는 그런 거잖아! 다음에는 내가 다른 사람을 가르쳐 줄 수 있겠는걸?'

스스로 선택하는 힘을 갖게 하는 말

"어서 와 얘들아, 우리 반이 된 걸 축하하고 환영해!"

"처음이라 좀 어렵게 느껴지지? 선생님이랑 같이 한번 해볼까?"

"제가 해보겠습니다. 하다가 막히면 도움을 요청할게요."

"제가 할 수 있는 어떤 방법이 있을까요?"

분노의 마음을
수용과 이해로 다스려요

4월 8일

한 달이나 지났는데 출근하는 게 여전히 힘들다.

4층 계단을 올라서 1반을 지나왔다. 오늘도 1반은 조용히 자리에 앉아

책을 읽고 있다. 1반은 어떻게 이렇게 조용하지? 부럽다!

1반 뒷문을 채 지나기도 전에 우리 반에서 들려오는 시끌벅적한 소리가

들린다. 교실 문을 일부러 아이들 보란 듯이 '확' 열었다. 그래도 미동도

없이 여전히 시끄럽다.

"얘들아!, 조용히 자리에 앉아 책 읽자."

화를 참으며 말을 해본다.

조금은 조용해진 것 같지만, 여전히 소란스럽다. 결국, 또 소리를 지른다.

"아침에 자리에 앉아서 책 읽으라고 했지?"

큰 소리에 놀란 아이들 사이에 순간 정적이 흐른다. 주섬주섬 책을 챙겨 읽기 시작한다. 아니, 그냥 보기만 한다. 그러기를 잠시 또 소란스러워진다. 나는 또 화를 낸다.

화내지 않으면 왜 말을 안 듣는 거니?

누가 말하지 않아도 아침에 등교해서 자리 주변을 정리하고 조용히 책을 읽고 있는 아이를 보면, 기특하고 칭찬도 해주고 싶습니다. 그렇지 못한 아이들도 좀 본받았으면 하는 생각도 들고 어떤 날은 화가 치밀어 오르기도 합니다.

누구나 원하지 않는 상황을 마주하면 불편함을 느끼고 자신이 원하는 상황으로 만들려고 합니다. 시끄러운 교실이 불편함이고 조용한 교실이 편안함이라고 한다면, 교실의 아이들을 조용히 시켜서 편안한 상황으로 만들려고 하게 되는데 이때 분노를 화로 표출합니다.

하지만 분노를 화로 표출하는 것은 그 순간에는 도움이 될지 몰라도 지속시키기는 어렵습니다. 그리고 분노의 표출이 지속되면 아이들과의 관계에서 소통은 사라지고, 그로 인해 다시 분노가 쌓이는 부정적인 현상이 반복됩니다.

수용하고 이해하면 편안해져요

먼저, 선생님 자신의 마음을 수용하고 이해해 주세요. 선생님의 마음이 어떤 상태인지 관찰하는 것입니다. 즐거운 마음으로 출근하는 날도 있고 그렇지 않은 날도 있을 것입니다. 아침에 늦잠을 자서 급히 서둘러 출근하는데 도로도 많이 막혀서 겨우 학교에 왔다면, 지금 선생님 마음의 에너지는 부정의 에너지일 가능성이 큽니다. 그러니 부정의 에너지로 가득 찬 자신의 마음을 '기분이 별로 좋지 않아' 하고 자신을 수용하고 '내 기분이 별로 좋지 않으니까 아이들에게 화를 낼 수도 있겠구나' 하고 자신을 이해하는 것이지요. '내 기분에 따라 아이들에게 화를 내는 것을 조심해야겠구나' 또는 '기분을 회복시켜 줄 커피부터 마셔야겠다' 하고 자신을 이해하고 나면 그다음 행동을 결정할 수 있습니다.

자신을 이해했다면 이번에는 학생을 수용하고 이해해 봅니다. 교실에 들어서면 아이들은 친구를 만납니다. 어제도 보았지만, 오늘 또 만나도 반갑고 좋습니다. 어떤 아이들은 교실의 놀이교구로 함께 놀기도 합니다. 떠드는 것이 아니라 친구와 이야기 나누며 노는 것입니다. 하지만 교사는 이런 상황을 보고 '떠든다'라고 생각하고 큰소리로 화를 내거나 혼을 내기도 하지요.

학교에 와서 반갑게 친구들과 노는 것으로 받아들이면 '친구를 만나 신나서 그렇구나' 하고 이해가 됩니다. 그러면 어떤 말로 아이들의 행동을 바꿀 수 있을까요?

"아침에 친구를 만나니 너무 반갑지요? 하지만 이제 아침 활동을 시작할 시간입니다. 자리를 정리하고 앉아서 활동을 시작합시다."

아이들의 생각과 행동을 수용하고 이해하고 나면 분노의 소리침이 아니라 부드럽고 단호하게 말할 수 있습니다.

친절하게 아이를 수용하고 이해하는 말로 힘을 주세요. 아이들에게 부정의 에너지가 아니라 이해와 수용이라는 긍정의 에너지가 전해지면 교사에 대한 믿음이 생기고 교사의 부드러운 목소리에도 큰 힘을 발휘할 수 있을 것입니다.

분노의 마음을 이해하고 수용하는 생각과 말

'즐거운 마음으로 아이들과 마주해야지.'

'아침에 친구들과 즐겁게 이야기 나누고 있구나!'

"우리 반 아침 약속이 무엇인지 생각해 보고 행동으로 옮겨 볼까?"

"우리 반 약속을 잘 지켜줘서 고마워!"

아무리 해도 안 될 때
믿고 기다려 주세요

6월 10일

진급 자료에 따로 설명이 붙어있었던 민기. 선택적 함구증이라고 했다. 이전 담임선생님도 학부모 상담 때 뵌 어머니도 담담하게 말씀하셨는데, 말은 안 하지만 성격이 온순하고, 아주 소수지만 친구가 있고 그 친구와는 의사소통이 되어 큰 어려움은 없다고 했다.

그런데 나는 민기가 왜 이렇게 힘들까? 민기는 말만 안 하는 것이 아니다. 반응을 거의 안 한다. 눈을 맞추려 하지 않고 아무리 눈동자를 들여다봐도 아이의 생각을 읽을 수가 없다.

게다가 수업 태도가 일관되지 않다는 것도 마음에 걸렸다. 국어, 수학, 사회 같은 수업 시간에는 잘 쓰지도 않고 불러도 쳐다보지도 않지만, 체육이나 과학 시간에는 꽤 적극적으로 참여한다. 자신의 상태를 이용해서 하고 싶은 것만 하려고 그러는 것 같아서 괘씸할 때도 있다.

오늘 민기는 친구와 놀면서 활짝 웃었다. 뭐라고 말도 했는데, 왜 나에게는 마음을 열어주지 않는 걸까? 주변에서는 그냥 내려놓으라는데 왜 그게 안 되고 이렇게 답답하기만 할까? 무력감이 든다.

국어 시간에는 책을 안 읽고, 수학 시간에는 문제를 안 풀고, 사회 시간에는 토의에도 참여하지 않는데 체육 시간에는 피구 공으로 친구를 척척 맞춰 아웃시키고 과학 시간에는 실험 과정을 유심히 관찰합니다.

아이의 이런 모습에서 일관성이 없다고 느끼고 자신이 하고 싶은 것만 하려고 상황을 이용하기까지 하는 나쁜 버릇이 드는 것은 아닌가 생각하면 선생님의 마음은 더 조급해집니다. 학생을 사랑하고 아끼며 점점 성장해 가기를 바라는 마음이기 때문에 더욱 안타까움을 느낍니다. '이렇게 하면 될 것 같은데 왜 하지 않을까?', '전에는 이렇게 했는데 오늘은 왜 안 하려는 걸까?' 하는 생각에 더 답답해집니다.

그렇지만 학생의 입장은 다릅니다.

'아무리 말하려고 해도 머릿속에서만 뱅뱅 돌 뿐 입 밖으로 나오지 않아. 내가 생각하고 있는 건지 말하고 있는 건지 헷갈릴 때도 있어. 대답하려고 생각하면 머리가 너무 아파. 하지만 체육 시간에는 몸이 저절로 움직이는 것 같아. 시원하고 편안해. 신나. 친구들도 나를 좋아해. 과학도 재미있어. 선생님의 말은 알아듣기 어렵지만, 친구들이 실험하는 걸 보기만 해도 신나. 친구들이 설명해 주면서 나에게 맡긴 역할은 아무도 간섭하지 않아서 느긋하게 할 수 있는 것도 좋아. 매일 체육이랑 과학만 공부하면 좋겠다.'

포기하지 말고 믿고 기다려 주세요

내 마음조차 내가 어찌하지 못해 쩔쩔매는데 다른 사람을 바꾸는 것은 거의 불가능한 일입니다. 몸도 마음도 아직 다 자라지 않은 아이의 마음도 바꾸기 힘든 건 마찬가지겠지요. 그래도 포기할 수 없는 교사의 마음은 믿음과 사랑입니다. 누구에게나 끝까지 포기하지 않고 손 내밀어 주는 사람이 있어야만 합니다. 주변에서 말한 '포기'란 내가 생각한 방향과 방법대로 억지로 끌고 가려는 위력, 선생님의 의지를 내려놓으라는 것입니다. 내 방식을 포기하는 대신 존재에 대한 믿음으로 '아이의 때'를 기다려 주는 것이지요.

'언젠가는 되겠지, 에라 모르겠다'가 아니라 '언젠가는 될 거야. 그게 내일일 수도 있어. 그러니까 오늘도 나는 내 일을 하는 거야.'

학교에만 오면 아무 말도 하지 않는 아이가 그래도 적극적으로 참여하는 수업이 있고, 점심시간에 즐겁게 놀 수 있다는 건 참 고마운 일입니다. 그 시간들이 아이를 학교에 오게 하는 힘이 됩니다. 아이의 입을 열어 말하게 하는 것, 아이의 목소리를 들어보려는 것은 훨씬 더 큰 에너지가 필요합니다. 지금 아이에게 그것은 너무나 어려운 일이니까요. 큰 에너지가 솟아나게 하는 것보다 작은 에너지를 자주 충전시켜 보는 것은 어떨까요?

친구와 즐겁게 놀고 있을 때 다가가 "목소리가 예쁘구나! 다음엔 선생님에게도 들려주렴", "웃는 모습을 보니 선생님도 웃음이 나는구나"라고 말해 주세요. 수업 활동에 적극적으로 참여할 때 웃으며 엄지를 세워 보이며 칭찬해 주세요.

선생님의 무력감도 포기하고 싶은 마음에서 비롯된 것입니다. 포기하지 않아도 됩니다. 매일 학교에 출근하고 아이들에게 '고마워'라고 말하기 위해 애쓰고 있는 선생님 덕분에 아이가 학교에 잘 나오고 있습니다. 아이가 즐거워하는 수업이 있고, 활짝 웃는 시간이 있습니다. 선생님 자신을, 그리고 아이를 믿고 기다려 주세요.

믿음과 사랑으로 아이를 이끌어 주는 말

"오늘 체육 시간에 진짜 멋졌어. 네 덕분에 너희 팀이 이겼지?"

"점심시간이 더 길면 좋겠지? 친구들이랑 즐겁게 노는 네 모습 보니까 선생님까지 신나더라."

"무엇이든지 어려운 게 있을 때는 언제든지 선생님이 도와줄게. 걱정하지 말고 선생님에게 와!"

긍정적으로 생각해야
성장해요

6월 11일

수업 공개를 해야 한다. 벌써 가슴이 답답하다. 10년 넘게, 일주일에 20시간을 넘게 하는 일인데도 부담스럽다. 연수도 받고 책도 읽지만, 늘 뭔가 아쉽고 부족한 것 같다. 옆 반 선배님은 편하게 생각하라고 하지만 잘되지 않는다. 후배 선생님에게 보여줄 건 있어야 하지 않을까? 다른 선생님들은 너무 잘하시는 것 같았다. 초라해지는 것 같아 비교하기 싫지만, 자신감이 생기지 않는 건 사실이다. 노력하는데도 늘 제자리걸음인 것 같은 이유는 뭘까? 피드백 받을 사람이 없어서 그런가? 묻고 의논할 사람이 없어서 그런가? 이런저런 생각에 머리가 아프다. 불안함을 줄이기 위한 방법을 찾아야겠다. 일단 지금껏 별일이 없었음을 계속 떠올리면서 나 자신을 믿어야겠다.

교사는 늘 수업을 고민하고 수업 성장을 위해 노력합니다. 수업 기술을 고민하기도 하고 수업 철학을 세우기 위해 노력합니다. 옆 반 선생님의 좋은 수업 자료를 보면 우리 반 수업에도 그것을 활용합니다. 새로운 프로그램이 나오면 뒤처지지 않기 위해 시도를 해야 할 것 같기도 합니다.

종종거리며 각종 연수에 참여하지만, 실력이 크게 향상되는 것 같지 않아 불안한 마음이 들기도 하지요. 수업은 단순하게 이루어지지 않습니다. 아이들의 상황을 살피며 상호작용을 해야 하고, 아이들 수준을 고려해서 학습 내용을 조직해야 합니다. 배움이 잘 일어나도록 활동을 계획하고, 배움이 느린 아이들에게 어떤 피드백을 줄 것인지, 평가는 어떻게 할 것인지에 대한 고민도 녹여야 합니다. 여러 요소가 복잡하게 얽혀 있으니 어려운 것은 당연합니다. 다양한 수업 방법을 배웠다고 해서 수업 기술이 바로 익숙해져서 수업에 자신감이 생기는 것도 아닙니다. 이런 상황에서 공개 수업은 더욱 근심으로 다가옵니다.

수업 성장을 위해서는 긍정적으로 생각해 보아요

교사라면 누구나 수업을 잘하고 싶어 합니다. 매일 수업을 위해 많은 시간을 할애하며 완벽한 수업을 하려고 합니다. 하지만 수업을 완벽하게 준비했다고 해서 완벽한 수업이 되는 것은 아닙니다. 교실과 아이들의 상황을 알고 수업을 준비해도 늘 변수가 있습니다. 특히, 공개 수업은 완벽하게 준비했다고 해도 불안한 마음이 생깁니다. 수업은 교사 혼자 이끌어가는 것이 아니라 학생들과 함께 만들어 가며 성장하는 과정을 보여주는 것입니다. 그러니 수업 성장을 위해 긍정적으로 생각하는 연습이 필요합니다. 노력해 왔으니 앞으로 일이 잘될 것이라 믿고 희망적으로 보는 것이지요.

'열심히 준비했으니까 원하는 대로 수업이 흘러가지 않아도 괜찮아.'

'괜찮아. 학습 내용이 조금 어려웠지만, ○○이가 자기 생각을 말하고 질문도 했잖아.'

'학습 내용이 많고 어려우니 놀이로 수업을 구상해 볼까?'

교사는 수업으로 소통하고 신뢰를 얻습니다. 아이들과 동료, 학부모로부터 신뢰를 얻기도 하지만, 자기 자신에 대한 신뢰를 쌓을 수도 있습니다.

'우리 선생님은 수업을 열심히 해주셔. 내가 모르는 것은 언제나 친절하게 알려 주셔'라는 믿음을 아이들에게 주면 아이들도 선생님과 함께 성장할 수 있게 됩니다. 아이들의 입장에서 수업을 준비했던 지금까지의 노력에 의미를 부여하고 교사 자신의 성장을 긍정적으로 보는 생각의 전환이 필요합니다. 실패를 두려워하지 마세요. 사실 수업에서의 실패는 교사를 좀 더 빠르게 성장시키는 에너지가 되기도 합니다.

수업에는 다양한 변수가 있습니다. 수업 목표를 세워 과정안을 작성하고 수업 전체를 계획하면서 아이들의 반응, 출발점 행동, 자료의 효과 등 다양한 것을 고려합니다. 아무리 완벽한 시나리오를 준비해 두어도 아이의 말 한마디, 행동 하나에 전혀 다른 방향으로 전개되기도 합니다. 예상하지 못한 일을 만들어 낸 아이를 "수업 시간에는 자리에서 일어나지 말라고 했지?"라며 혼내기보다 아이가 일어난 이유가 있을 거라 생각하고 "○○야, 선생님의 도움이 필요하면 언제든 말해주렴"이라 말하며 상황을 긍정적으로 보세요. 어디로 튈지 모르는 살아 있는 수업에서 에너지를 느껴보는 겁니다. 종잡을 수 없는 수업의 과정에서 더 많이 성장할 수 있음을 낙관적으로 바라보는 것이지요. 완벽하지 않아도 괜찮다고 자신에게 말하면서 말입니다.

아이의 성장을 바라는 마음이 바로 변화의 시작입니다. 두려움을 내려놓고 상황 자체를 긍정적으로 보며 수업한다면 아이들에게도 진정한 배움이 있을 겁니다.

긍정적인 성장을 위한 생각

'예상하지 못한 일이긴 하지만 괜찮아.'

'완벽하지 않아도 괜찮아.'

'수업이 마음대로 되지 않아도 아이들도 나도 성장하는 거야.'

'나는 지금 성장하는 중이야. 누구든 배운다고 바로 사용할 수 있는 건 아니잖아. 난 꾸준히 노력하는 나를 믿어.'

맞서려는 아이에게
'어른'으로 다가가요

6월 24일

요즘에는 아이들을 통제하기가 어렵다. 큰 소리로 나무라자니 다른 순하고 여린 아이들이 놀라고 무서워할 것 같고, 그렇다고 딱히 벌을 주거나 무섭게 할 재주도 내게는 없다. 처음에는 내 눈치를 보며 행동해서 봐줄 만했는데, 요즘엔 그 정도가 넘친다. 넘쳐도 너무 넘친다.

매번 수업 종이 치고 나서야 슬금슬금 교실에 들어오면서 쉬는 시간 종이 치면 내 말이 끝나지도 않았는데 일어선다. 하지 말라고 금지한 일도 종종 무시하는데 대놓고 하지는 않지만, 그렇다고 조심하지도 않는다.

급기야 오늘 한 아이가 와서 선생님이 너무 순하고 착해서 애들이 말을 안 듣는 것이라고 했다. 좀 무섭게 해야 한다고 했다. 그렇게 생각하냐, 너는 무서운 선생님이 좋으냐 물었더니 자기한테 말고 걔들한테 무섭게 하란다.

'나는 무섭게 하고 있어. 걔들이 겁을 안 내는 거야'라고 말할 뻔했다.

어떻게 해야 할지는 모르겠다. 말귀 알아들을 만한 나이인데 말로 해서

안 되면 어쩌라는 거야?

교실에서의 관계는 어떤 모습이어야 할까요? 서로 인격을 존중하는 관계이면 참 좋을 것입니다. 교사는 아이를 보호하고 존중하며, 아이는 교사를 존경하고 믿고 따르는 관계이지요. 그런데 어떤 학생은 이렇게 인격적으로 대하는 태도를 이용하려고만 할 뿐 따르거나 함께 하려고 하지 않습니다. 받는 것은 당연하다고 생각하면서 주기는 꺼립니다.

잘못된 행동을 하면 선생님은 아이를 따로 불러 잘 알아듣게 말합니다. 이때 아이가 알아듣고 자기 행동을 스스로 교정하고 변화시킨다면 '평화'입니다. 그러나 선생님의 말을 알아듣지도 못하고 자꾸 딴소리하거나, 알아들은 척하고 가서는 전혀 행동의 변화를 보이지 않을 때 괴로움이 시작됩니다. 누가 괴로울까요? 네, 선생님이 괴롭습니다. 주변 친구들이 괴롭습니다.

이제 선생님은 자신과 주변 친구들의 평화와 안녕을 위해 이 아이와 기 싸움을 시작합니다. 선생님은 아이를 다시 불러 같은 잘못이 반복

되었으며, 그것이 다른 사람에게 얼마나 피해를 주는지 더 오래, 더 엄한 목소리로 나무랍니다. 학생이 이쯤에서 알아듣고 행동을 바꾼다면 그래도 '아름다운 결말'이라 하겠습니다. 그러나 현실은 어떻습니까? 아이는 선생님의 경고에도 별다른 변화가 없습니다.

학교에 있는 어른, 선생님

A 선생님은 목소리가 크고 눈썹이 진해서 인상이 강하다. 다른 반 학생들은 학년 선생님 중에서 A 선생님이 제일 무섭다고 한다. 그래서 복도에서 시끄럽게 떠들다가도 A 선생님이 나타나면 모두 교실로 얼른 들어가 숨어버린다. 그렇지만 정작 A 선생님 반 학생들은 자기 선생님이 참 재미있고 좋다고 한다. 무서울 때는 진짜 무섭지만, 그럴 때는 별로 없고 역사 이야기를 자주 들려주시는데 그게 정말 재미있고 과학 시간에 실험도 많이 하고 체육 시간도 절대 빼먹지 않는다며 다른 반 친구들에게 자랑한다.

A 선생님은 강한 인상 덕분에 아이들을 더 쉽게 통제하는 걸까요? A 선생님을 잘 모르는 아이들에게는 단지 '무서운 선생님'일 수도 있지만, A 선생님 반 아이들은 선생님이 무섭지만 재미있고 좋다고 합니다. 아이들 표현에서는 '무섭다'는 두려운 존재가 아니라 '철저하다, 엄격하다'라는 의미입니다. 선생님이 어른답게 아이를 대한다는 것은 엄

해야 할 때와 재미있고 좋아야 할 때를 잘 구별하는 것입니다. 선생님과 '전쟁'까지 하는 이 녀석들은 집에서도 아마 골칫덩어리라고 애증 섞인 별명으로 불릴 겁니다. 어쩌면 학교 선생님은 할 수 없는 높은 강도의 통제로 단련되었을 수도 있습니다. 이런 아이에게 반복적인 잔소리는 아무런 의미가 없습니다. 그런 것은 엄마에게서 귀에 딱지가 앉을 만큼 많이 들었기 때문에 한 귀로 들어와 다른 귀로 빠져나갈 뿐 가슴에 머무르거나 머리로 올라가지도 않습니다.

선생님은 어른입니다. '진짜 어른'입니다. 아이가 성장하고 싶으나 아직 자라지 못해 부족한 부분을 살펴 보세요. 아이가 모르는 미지의 세계, 진로에 관계된 내용으로 지도와 조언을 하며 인정을 받아 보세요. 그런 다음 아이가 해서는 안 되는 최소한의 행동에만 단호하게 금지 신호를 보내면 됩니다.

아이의 자존감을 키우는 말

"목소리가 참 좋구나. 음감도 정확하네. 노래와 음악을 좋아한다면 기타 같은 악기를 배워 보는 것은 어때? 네가 기타 치면서 노래를 부르면 정말 멋질 것 같아."

"다치지 않게 조심한다면 점심시간과 쉬는 시간에 나가 노는 것은 허락이야. 단, 숙제를 하지 않았을 때는 숙제부터 해야 한다. 약속할 수 있겠니?"

휘둘리지 않고
유연하게 대처해요

9월 4일

올해 우리 반은 참 활기차다. 전담 선생님들도 "3반은 에너지가 넘쳐요. 애들 목소리도 크고요, 서로 발표하겠다고 난리죠"라고 말씀하신다. 녀석들의 목소리가 자꾸 커져서 덩달아 내 목소리도 커졌는지 1학기가 끝나갈 무렵에는 후두염 때문에 고생도 했고, 이대로면 성대결절이 생기니까 되도록 말을 많이 하지 말라는 의사의 조언을 듣기도 했다. 나는 아이들에게 기계가 아닌 나의 따뜻한 목소리가 그대로 전해지길 바라는 마음에 가능하면 수업 시간에 TV나 스피커 등을 통한 소리, 기계의 사용을 줄이려고 하는 편인데, 이런 식이라면 마이크를 사용해야 할 것 같기도 해서 좀 씁쓸하다.

아이들은 저마다 생각을 쏟아내고 싶어서 툭툭 치고 나오면서 이야기를 한다. 얼마나 표현하고 싶은 게 많을까 싶어서 가능한 한 들어 주려고 하는데, 그러다 보면 엉뚱한 방향으로 흘러가기도 하고 끝없이 이야기가 이어진다. 집중 신호로 이야기를 중지시키고 내게 집중하게 한 다음 다시 수업을 이어가지만, 이런 상황이 반복되니까 점점 화가 난다. 조용히 내 말을 듣기만 하기보다는 자기 생각도 잘 표현하는 게 좋기는 한데 시도 때도 없이 끼어드는 게 문제다. 내가 놓치고 있는 게 뭘까?

사람마다 타고난 기질이나 성격이 다릅니다. 그래서 해마다 다른 '우리 반'을 만나지요. 그래서 학급운영 방식은 매년 비슷하더라도 학급 구성원들의 특성에 따라 완전히 다른 양상을 보이기도 합니다.

수업 시간에 발표를 좋아하고 나서는 것도 부끄러워하지 않는 활발한 아이가 많은 교실은 가끔 만나는 전담 선생님들에게는 신나는 수업이 가능한 교실입니다. 교사의 말에 반응이 풍부하고 때론 과장되게 표현하기도 해서 마치 연극이나 방송을 보는 것 같지요.

한 시간 수업하고 다른 반으로 가시는 전담 선생님은 에너지를 얻고 가실 수 있지만, 종일 이런 아이들과 생활하고 수업해야 하는 담임선생님은 진이 빠집니다. 넘치는 아이들의 에너지에 휘둘려 수업의 흐름이 끊어지지 않도록 팽팽한 긴장감으로 애를 썼기 때문입니다.

그래도 아이들을 미워하거나 벌 줄 수는 없습니다. 고의적인 수업 방해가 아니니까요. 선생님의 질문에 여러 개의 답이 떠올랐거나 관련된 경험이 계속 생각나서 그럴 수도 있으니까요. 주의를 주거나 집중 신호를 보내면 금방 진정하고 멈춥니다. 미안한 표정도 짓고요. 하지만 곧 다시 손을 치켜들거나 발표 순서를 기다리지 못하고 끼어들어 말하고 말지요.

유연하게 넘겨 보세요

'구렁이 담 넘어가듯 한다'는 속담은 일을 분명하고 깔끔하게 처리하지 않고 슬그머니 얼버무린다는 뜻이지요. 아이들의 말 하나하나에 '분명하고 깔끔하게' 반응하려고 마음먹으면 결국 아이들에게 휘둘려 제자리를 뱅뱅 돌게 됩니다. 앞으로 나아가기 어렵고 선생님의 기운만 빠지지요. 주의를 주고, 규칙을 상기시키고, 패널티를 주느라 수업 시간을 허비하는 대신 그 순간을 구렁이 담 넘어가듯 슬쩍 넘어가면 어떨까요?

"그렇군요. 그럼, 다음으로 넘어가서~"

"아, 네! 자 그리고 이어서~"

마구 떠오르는 날 것의 아이디어를 짝에게 먼저 표현하게 해주는 것도 좋은 방법입니다. 선생님의 질문에 대해 떠오르는 생각을 짝 대화로 1차 발표하게 합니다. 그 후에 선생님은 짝의 발표 중에서 공유하면 좋을 내용을 말해 달라고 합니다. 그러면 짝의 이야기도 귀담아듣는 습관이 생깁니다.

고학년이라면 발표하기 전에 쓰게 하는 것도 좋습니다. 공책에 떠오르는 생각을 먼저 쓰게 한 다음에 발표합니다. 그러면 발표하지 못한 경우에도 선생님은 공책을 통해 아이의 생각을 모두 읽어줄 수 있습니다. 많은 경우에 아이들은 친구들보다 선생님께 생각을 전달하고 싶어 합니다. 자기보다 우월한 존재에게 인정받고 싶기 때문입니다.

공책에 자기 생각을 쓰게 하면 평소에 나서서 발표하지 않는 학생의 좋은 생각도 공유할 수 있습니다. 공책을 확인한 뒤에 선생님이 친구들에게 읽어 주면서 칭찬으로 피드백해 주면 아이는 자신감과 용기를 얻게 되고, 더 열심히 공책을 씁니다.

부드럽고 유연하게 대처하는 말

"모두가 발표하고 싶군요. 그럼, 먼저 짝과 이야기 나누어 보세요."

"그렇게 생각하는구나. 다른 친구는 어떻게 생각하나요?"

"짝과 이야기한 내용 중에 모두가 함께 들으면 좋겠다 싶은 내용이 있으면 발표해 주세요."

"발표하기 전에 공책에 떠오르는 생각을 먼저 정리하세요. 그러면 선생님이 오늘 발표하지 못한 친구들의 생각도 모두 살펴볼게요."

모든 아이에게
축복을 주세요

9월 8일

오늘도 민기를 백만 번은 부른 것 같다. 방학이 지나고 오면 좀 나아질
줄 알았는데 바뀐 게 하나도 없다.

이름을 부르면 부정적 강화가 되어서 좋지 않은 행동이 더 나타난다고
어디선가 본 것 같은데, 도무지 지적하지 않고는 수업이 되지 않으니 답
답할 노릇이다. 수업 방해를 모른 척해도 내가 이름을 불러 지적할 때까
지 멈추지 않는다.

혜진이는 공책 정리도 잘하고 발표도 잘한다. 오늘도 뉴스 만들기 발표
하는데 제법 아나운서 흉내를 내면서 발표해서 폭풍 칭찬을 해주었다.
혜진이 덕분에 민기가 나를 화나게 한 것이 조금 누그러들었다.

아! 영선이. 오늘도 조용히 모둠 활동하면서 보고서를 끝까지 완성해서

냈는데, 칭찬은커녕 이름도 불러주지 못했다. 민기의 행동을 통제하고 잔소리하느라 오늘도 영선이를 잘 살펴주지 못했다. 내일은 꼭 이름도 불러주고 칭찬도 해줘야지!

거의 해마다 선생님들의 몸과 마음을 괴롭히는 아이들이 있습니다. 동료 선생님과의 넋두리 속에도 늘 등장하는 아이들이지요. 우리 교실에는 '금쪽이'만 있는 것도 아닌데, 대화의 주인공은 늘 그들입니다.

적극적인 혜진이는 학습 태도가 좋습니다. 친구들과 사이도 좋아서 인기도 많습니다. 발표도 선생님이 기대하는 답만 쏙쏙 합니다. 선생님의 즉각적인 피드백과 칭찬이 쏟아집니다. 소극적인 영선이는 오늘도 공책 정리를 열심히 하며 선생님 말씀을 잘 듣습니다. 부끄럼이 많은 영선이는 발표를 잘하지는 못하지만, 모둠 활동에는 적극적이고 보고서를 잘 마무리합니다. 우리 교실에 존재하는 아이들 유형입니다.

하지만 교사의 관심은 칭찬받거나 지적받는 아이들에게 쏠려있지요. 보통의 아이, 특히 소극적인 아이들은 오늘도 선생님에게 이름 한 번 불려보지 못하고 하교할지도 모릅니다. 잘하는 아이, 못하는 아이, 힘들게 하는 아이, 조용하고 소극적인 아이 모두 교실에서 환영받아야 합니다. 모든 아이가 교실의 주인공이 될 수는 없을까요?

축복의 에너지를 채워 보세요

세상에서 제일 큰 축복은 희망[6]이라고 합니다. 희망은 우리가 열심히 일하거나 간절히 원해서 생기는 것이 아닙니다. 상처에 새살이 돋아나고 죽은 가지에 새순이 돋아나듯, 희망은 절로 생기는 겁니다. 희망은 우리가 삶에서 공짜로 누리는 제일 멋진 축복입니다.

우리 교실에서 축복은 무엇일까요? 바로 선생님이 아이들에게 희망을 주는 것입니다. '오늘도 나는 잘할 수 있다. 즐겁게 지낼 수 있다. 행복한 일이 가득할 것이다. 친구와 잘 지낼 것이다' 등 아이들이 희망을 누릴 수 있도록 도와주는 것이지요. 교실에 들어선 아이들에게 이름을 불러주는 것만으로도 희망은 피어납니다. 교실이라는 장소에 들어선 모든 아이에게 마음과 표정, 말, 행동으로 기쁨을 채워 주세요.

매일 웃는 얼굴로 아이들과 만나겠다고 스스로 약속해 보세요. 기분 좋은 날은 그냥 미소가 띠지만, 그렇지 않은 날도 있습니다. 그래도 웃어 보세요. 그 웃음의 에너지가 선생님 마음의 힘이 되어 아이들에게 전달됩니다.

웃는 얼굴도 연습이 필요합니다. 매일 아침 거울을 보며 그냥 미소를 지어 보세요. 아이들에게도 '아침에 거울 보고 웃기' 또는 교실에 들어오면 큰 소리로 '하하하' 하고 웃기의 미션을 주어도 좋습니다. 웃음으로 마음의 힘이 더욱 커질 것입니다.

---

6 『생일 그리고 축복』 장영희, 비채, 2017

이번에는 말도 함께 해보세요. 수업 시간, 쉬는 시간에도 축복의 에너지를 전해 보세요.

"반가워. 오늘도 안전하게 등교했구나."

"너의 웃는 얼굴을 보니 선생님의 기분이 더 좋아졌어. 고마워."

"친구에게 연필을 빌려주었구나! 고마워!"

"오늘은 김치를 두 조각이나 먹었구나."

모든 아이를 자세히 관찰하고 조그만 행동의 변화에도 민감하게 반응해 줍니다. 그러면 저절로 행동으로 표현됩니다. 웃는 얼굴로 반갑게 아이를 맞이하며 저절로 두 팔이 벌어집니다. 아이를 칭찬하며 엄지척, 손 하트가 저절로 될 것입니다.

기쁨의 힘은 웃는 얼굴로 시작하여 부드럽고 친절한 말투, 온화한 행동으로 이어지고 그 에너지는 아이들에게 전해지고 또 전해져 교실을 가득 채울 것입니다.

기쁨의 마음을 채우는 말

"친구를 칭찬해 주었구나. 감동이야, 멋지구나."

"매일 웃으며 친구들에게 말해 주어서 고마워!"

"발표하는 용기를 내어주어 고마워!"

관계 맺기 어렵다면
아이들을 따라 해요

9월 10일

아이들과는 편안하게 이야기도 하고 수업하는 것도 어렵지 않다. 그런데 어른들과는 대화도 쉽지 않고 마주 앉는 것도 편하지 않다. 나도 어른인데 말이다. 동학년 선생님들과는 연구실에서 거의 매일 얼굴을 마주하고 앉으니 그런대로 지낼 수 있지만, 연구실에 선생님 한 분과 나, 이렇게 둘만 있게 될 때는 여전히 불편하다. 업무상 필요할 때만 가는 교무실이나 교장실은 문을 열기 전부터 불편하다. 그보다는 덜하지만, 담당 부장님을 만나러 가는 일도 아주 부담이 없는 것은 아니다.

이런 내가 어떻게 교사가 되었나 싶기도 하다. 나이가 들면 이런 일들이 점점 더 수월해진다는데, 얼른 늙기를 바라야 하나? 나의 관계에는 어떤 문제가 있는 것일까?

앤서니 브라운의 그림책 『우리 친구 하자』는 이렇게 시작됩니다.

스미스 씨가 어린 딸 스머지와 강아지 알버트를 데리고 산책을 나옵니다. 같은 시각 스미드 부인도 어린 아들 찰스와 강아지 빅토리아를 데리고 산책을 나오고 두 사람이 같은 벤치에 앉게 됩니다. 강아지 알버트와 빅토리아는 금방 친해져서 같이 뛰어놀며 친구가 되고, 잠시 서먹했던 스머지와 찰스도 곧이어 친구가 되어 신나게 놉니다. 하지만 스미스 씨와 스미드 부인은 어땠을까요? 맞습니다. 끝까지 한 마디도 나누지 않고 각자 집으로 돌아갑니다.

강아지나 아이들은 금방 친구가 되는데, 어른들은 왜 그러지 못할까요? 이것저것 따져보고 조심하고 생각해 봐야 하는 것이 많아서 그런 것은 아닐까요?

'이런 일들은 나이가 들면 점점 더 수월해진다'는 주변의 조언은 다음의 두 가지 측면에서 그렇다고 할 수 있습니다.

1. 나이가 들수록 경험치가 쌓여 조금씩 더 능숙해지고 대범해진다.
2. 나름의 관계 대응 전략을 갖게 되어 걱정과 부담감이 줄어든다.

나이가 들면 저절로 나아지는 것이 아니라 결국 내가 무언가를 해야 한다는 뜻이 숨겨져 있습니다.

관계의 문을 여는 감사와 자발성

'배우다'에는 '새로운 기술이나 지식을 습득하다'라는 뜻도 있지만, '남의 행동, 태도를 본받아 따르다'라는 뜻도 있습니다. 관계 맺기는 아이들의 행동이나 태도를 본받아 배울 수 있습니다. 앞에 소개한 그림책처럼 아이들은 금방 마음을 열고 친구가 되니까요.

아이들이 친구가 되는 과정은 '먼저 다가가기'와 '말 걸기'입니다. 아이들의 순서는 행동이 먼저입니다. 그래서 일단 다가간 뒤에 할 말을 떠올려 이야기합니다. 때로는 다가갔으나 할 말을 떠올리지 못해 가만히 서 있거나 물끄러미 바라보기만 하기도 합니다.

그러나 어른은 무턱대고 행동부터 하지는 않습니다. 할 말을 먼저 준비한 다음 행동합니다. 그러니 할 말을 먼저 떠올려 볼까요? 공통의 관심사라고 할 수 있는 업무 이야기로 친밀도를 높일 수 있지만, 오늘 날씨나 일상의 이야기로 부드럽게 시작하는 것도 좋습니다.

"오늘 날씨가 참 좋네요."

"수학 시간에 조금 어려운 문제를 냈더니 너무 힘들어하는 거예요. 선생님 반 애들은 어때요?"

공통의 관심사도 일상의 이야기도 좋지만, 관계의 문을 가장 쉽게 여는 것은 바로 '감사한 일, 고마운 점'을 이야기해 주는 것입니다.

"색종이가 급하게 필요했는데, 선생님 덕분에 수업 잘 진행했어요."

"선생님이 알려준 놀이 덕분에 아이들에게 재미있는 선생님이라는 말을 들었어요. 감사해요."

관계 맺고 싶은 대상에 대해 감사한 일, 고마운 점을 떠올려 보세요. 감사와 고마움을 전하는 것만으로도 따뜻한 관계 맺기가 시작됩니다. 그다음 할 일은 먼저 다가가는 것입니다. 감사와 고마움을 전하러 가야겠지요. 다가가기 쉽지 않다면 심리학에서 말하는 유사성의 원리를 작동시켜 보세요. 인간은 자신과 닮은 유사성을 발견했을 때 더 친밀감과 호감을 느낍니다. 이렇게 대상에 대한 친밀감과 호감을 높이면 용기를 내어 먼저 다가가는 일도 조금 더 수월해집니다.

편안한 관계를 만드는 말

"교장 선생님, 아침마다 교문에서 환하게 웃으면서 아침맞이 해주셔서 고맙습니다. 교장 선생님 덕분에 환영받으면서 하루를 기분 좋게 시작하게 됩니다."

"교감 선생님, 오전에 메신저로 전결 규정을 자세히 알려 주셔서 감사해요. 안 그래도 전결 규정을 찾고 있었습니다."

"부장님, 제가 이 업무는 처음이라 서투른데 여쭤볼 부장님이 계셔서 큰 힘이 됩니다. 이렇게 얼른 달려와 묻고 해결할 수 있어서 참 좋네요."

"선생님, 지난번에 보내 주신 미술 수업 자료 덕분에 교실 게시판이 환해졌습니다. 정말 감사해요. 어디서 그런 자료를 구하세요?"

외롭지 않게
교실 문을 열어요

9월 13일

2학기 개학할 즈음부터 가슴이 답답했다. 학부모 공개 수업도, 수업 나눔이라고 이름만 부드럽게 바꾼 동료 공개 수업도 모두 2학기에 예정되어 있기 때문이다.

학부모는 아이의 교실 생활, 친구 관계, 수업 태도 등을 보고 싶고 알고 싶을 것이다. 그래서 학부모 공개 수업을 하는 것인데 교원능력개발평가가 도입된 후부터는 내 자녀만 보는 것이 아니라 선생님의 수업 실력을 평가하는 것으로 이해되고 활용되는 것이 솔직히 불편하다.

동료 장학 공개 수업 역시 서로의 전문성을 신장시키고자 수업을 공개하고 함께 협의하는 것인데 그 취지에 동의하지만, 교직 피로도가 이렇게 높은 요즘에도 준비와 실행에 엄청난 에너지가 드는 공개 수업을 계속해야 할까? 전문성이 신장 되기 전에 에너지 고갈로 번 아웃이 올 것 같은데? 아, 시작하기 전부터 이리 피곤한데 어쩌나…!

태평한 시절에는 모든 것이 순리대로 잘 흘러갑니다. 각자 맡은 역할을 해내고 성취감도 얻고, 인심도 후하고, 예상한 대로 결과도 나와 주니까 좀 더 큰 성취를 위한 도전도 할 수 있습니다.

하지만 비상시에는 모든 것이 뒤죽박죽, 우선순위가 뒤바뀝니다. 내전이 일어난 국가에서는 난민이 발생하고, 기본적인 살 권리가 보장되지 않는 곳에서는 어린이도 보호와 교육 대신 물 긷고 폐지를 주우며 생존을 위한 역할을 요구받습니다. 생존이라는 가장 원초적인 문제가 최우선 가치로 떠오르면 다른 모든 일은 뒷전으로 밀려납니다.

안타깝게도 요즘 교육 현장은 '태평'하지 못합니다. 교육하는 사람, 교사에게 '수업'보다 '먼저 해결해야 할 일'들이 쏟아집니다. 전에는 급하게 처리하라는 공문이 수업을 방해하는 주된 원인이어서 '잡무'를 덜어내면 교사는 학생에게로, 수업으로 돌아갈 것이라고 말했습니다. 그런데 지금은 지각한 아이가 있으면 연락이 닿을 때까지 수업을 시작할 수도 없습니다. '무슨 일이라도 생긴 걸까?' 하는 걱정의 마음으로 보호자의 연락을 기다리게 됩니다. 등굣길조차 위험하다는 세상이니까요. 학급 당 학생 수는 조금씩 줄어들고 있지만, 학생 한 명당 요구되는 교육 서비스와 돌봄의 질이 높아졌기 때문에 교사는 예나 지금이나 늘 최대치의 에너지를 발휘해야 합니다.

이렇게 생활지도와 돌봄, 상담, 민원 대응까지 모든 것이 순간순간 1순위를 차지하며 돌고 도는 동안 '수업'이 자꾸만 뒷순위로 밀리는 것은 괜찮을까요?

회피 말고 직시, 고립 말고 공존

수업은 교사와 학생에게 뒷순위로 밀려나서는 안 되는 기본 중의 기본입니다. 밥을 먹고 잠을 자야 하는 것처럼 꼭 해야 하는 일입니다. 선생님이 가장 잘하는 일도 수업입니다. 아이들은 수업을 통해 모든 것을 배웁니다. 꼭 잔소리나 훈계를 들어야 배움을 얻는 것은 아닙니다. 수업으로 생활지도도 할 수 있고, 마음을 어루만지는 일도 수업으로 가능합니다.

수업을 통해 몰입, 성취감, 배우는 기쁨을 경험하면 학교에 오는 일이, 수업 시간이 즐거워집니다. 이런 수업의 경험이 쌓이면 교사와 학생 사이에 돈독한 래포가 형성되는 것은 물론 아이를 통해 학교를 보는 학부모님의 신뢰도 높아집니다.

자꾸만 자기 방으로 들어가 방문을 닫는 자녀를 생각해 보세요. 어떻습니까? '알아서 잘하고 있겠지' 하는 신뢰가 생기나요? 왜 보여주지 않으려는지, 방안에서 어떤 일이 일어나고 있는지 더 궁금해집니다. 나와 소통하지 않겠다는 신호 같아서 불쾌하고 불편합니다.

문을 닫아 버리면 '고립'이 됩니다. 그러나 문을 열어두기만 해도 '공존'이 됩니다. 어렵게 생각하지 말고 그냥 교실 문을 열어 보세요. 공개 수업을 보러 오는 학부모는 대부분 자기 자녀에 대한 관심이 큽니다. 그리고 자녀에 대한 관심과 지지는 교사에 대한 감사와 격려로 이어집니다. 동료의 피드백도 마찬가지일 것입니다.

그래도 이상하게 한두 사람의 부정적인 피드백이 오래 기억되고 선생님의 마음을 사로잡지요. 심리학에서는 이러한 현재의 기분을 일단 충분히 의식하라고 합니다. 부정적인 감정도 허락하고 받아들이라는 것입니다. 그런 다음 관점을 바꾸어서 다시 균형을 잡으라고 충고합니다.

'이것도 나를 위한 훈련이다. 이번 일로 나는 무엇을 배울까?'

공존을 위한 생각

'한 가지만 해야 한다면 수업을 하자. 수업이 잘되어야 아이들과 소통하고 성장할 수 있어.'

'이 일이 협력과 공감, 소통의 기회가 될 거야.'

'이렇게 생각하는 사람도 있구나. 다음에는 오해 없도록 이 부분을 좀 더 주의 깊게 살펴보고 준비해야겠어.'

완벽하지 않아도
괜찮아요

10월 5일

하루가 어떻게 지나갔는지 모르겠다. 퇴근 시간을 넘기고 집에 오면 녹초가 된다. 집으로 들고 온 검사해야 할 것들이 눈에 들어오지 않는다. 축 늘어진다. 같이 놀아달라는 내 아이에게 쏟을 에너지가 없다. 늘 반복된다는 것이 힘들다. '내려놓아야지, 내려놓아야 해.' 하루에도 몇 번씩 마음속으로 외치지만 잘되지 않는다.

아이들이 내는 수학 공책을 검사하다 오늘은 화가 났다. 지금쯤이면 어떻게 정리하는지 알아야 하는데 아직이라니. 미술 시간 작품을 거두면서 아이들에게 잔소리한 것도 마음에 걸린다. 아이들이 처음보다 나아지긴 한 것인지, 내가 뭔가를 잘못한 것인지 답답하다. 왜 조금 더 노력하지 않는 것일까?

사람은 완벽하지 않습니다. 완벽하지 않다는 것을 잘 알면서도 아이들이 완벽하기를 바랍니다. 책상 줄이 조금만 비뚤어져도 반듯하게 맞추고 싶고, 모든 학생이 바른 글씨로 공책을 정리하길 바라며, 수학 시간에 그리는 도형도 반듯하기를 바랍니다. 질문에 답을 쓰거나 글을 쓸 때는 빈칸을 채우기를 바라는 마음에 아이들에게 조금 더 쓰기를 요청하고, 급식소에 갈 때는 줄을 반듯하게 서야 출발합니다.

수업 시간에도 마찬가지입니다. 모든 학생이 준비되어야 수업을 시작하기도 하고 처음부터 끝까지 고개를 들고 바라보며 집중해 주기를 바랍니다. 짝 활동이나 모둠 활동을 할 때는 시간 안에 결과물을 제출하도록 돕느라 너무너무 바쁩니다.

아이들의 하교 후에도 공책, 독서기록장, 수학 익힘책 검사에 시간이 부족합니다. 그렇게 하지 않으면 책임을 다하지 못한 것 같아서 신경이 쓰이고, 그렇게 하는 것이 당연하다고 생각합니다. 그리고 그 일을 하느라 퇴근 시간을 훌쩍 넘기는 것도 당연하다고 여깁니다. 시간과 노력을 투자해서 늘 배우지만, 항상 스스로 부족하다고 생각하면서 '조금 더 조금 더' 스스로 다그치며 완벽을 추구합니다.

완벽하지 않아도 괜찮다고 자신에게 말해 주세요

완벽주의자는 노력하면 더 좋은 결과를 얻을 수 있다는 믿음을 가지고 있습니다. 그래서 성장의 에너지가 되기도 합니다. 뭐든 제대로 하고 싶고, 실수하지 않아야 한다고 생각합니다. 일에 대한 기준이나 목표가 다른 사람들보다 높거나 때로는 이루기 어려운 것일 때도 있습니다. 지나친 완벽주의는 능률을 저하시키기도 하며, 끊임없이 채찍질하기 때문에 자신과 주변인들을 피곤하게 만들기도 합니다. 또한, 기대에 부응하지 못하면 스스로 용서하지 못하기도 합니다. 그래서 회피하려고 일을 미루기도 합니다.

완벽함을 추구하는 교사는 그런 시선으로 아이들과 동료들을 봅니다. 그러니 늘 아이들의 결과물이나 노력이 만족스럽지 못하기도 하고, 불만이 생길 때도 있습니다. 왜 조금 더 참고 노력하지 않는지 답답해서 질책하는 말을 하기도 합니다. 교사는 아이들의 성장 과정에 깊게 관여합니다. 더군다나 학교 밖에서는 교사를 더욱 도덕적인 사람으로 봅니다. 그래서 교사들은 다른 어떤 직업보다 책임감을 더 크게 느끼고 완벽주의적인 성향이 되어가기도 합니다.

무엇인가를 향해서 매일 달려가기만 한다면 에너지는 금방 바닥이 날 것입니다. 그래서 스스로 칭찬하며 에너지를 채우는 것이 필요합니다. 물론, 완벽을 추구하는 교사는 칭찬을 들어도 당연한 일을 한 것이기 때문에 그 칭찬을 마음껏 즐기지 못합니다. 그렇기에 더욱 의도적으로 기쁨을 느끼고 누리는 연습을 할 필요가 있습니다.

"선생님 교실 앞은 늘 깨끗하게 정리가 되어 있네요. 정리를 참 잘하시나봐요"라는 칭찬에 "그런가요? 정리를 잘하는 건 아니지만, 그렇게 봐주셔서 고맙습니다" 하고 칭찬을 기쁨으로 누리는 연습을 하며, 결과에 연연하지 않고 유연하게 대처하는 방법도 익히는 것이지요.

나에게 완벽하게 하려는 성향이 있다는 것을 알아차려야 합니다. 왜 완벽을 추구하는지 이유를 들여다보는 것도 좋습니다. 누구나 실수할 수 있음을 받아들이고 과정에 의미를 두면서 실패에 대한 두려움을 줄이는 것이지요.

완벽하게 실수 없이 해내는 선생님도 좋지만, 누구나 실수할 수 있고 그 상황을 유연하게 대처해 나가는 방법을 알려 주는 선생님도 좋습니다. 아이들이 진정으로 배워야 하는 것은 완벽한 결과보다 실수에 대한 대처와 해결할 수 있는 유연함입니다. 이러한 과정에서 길러진 상황대처 능력이 우리 아이들이 미래사회에서 살아가는 데 꼭 필요한 능력입니다.

자신에게 유연함을 주는 생각

'완벽하지 않아도 괜찮아.'
'과정에도 충분한 의미가 있어. 이 일을 하는 과정에서 나는 충분히 생각할 수 있었고 다양한 방법을 시도할 수 있었어.'

솔직하게 친절하게 단호하게
표현하세요

10월 15일

사춘기에 접어들었는지 말 한마디도 예민하게 받아들이는 아이들이
있어 조심했다. 그런데 어제 혜진이가 "선생님은 왜 영선이만 예뻐하
고 칭찬해 주세요?"라고 했다. 수업 태도도 좋고 발표도 잘하는 영선이
를 많이 칭찬하긴 했지만, 영선이만 좋아하는 게 아닌데 오해를 한 모
양이다. 그래서 그렇지 않다고 모두를 사랑한다고 말해 주었다.

그렇게 넘어가나 했는데 모둠 활동하다가 의견이 맞지 않아 영선이네
모둠에서 말다툼이 났다. 혜진이는 조사 먼저 하고 영상 촬영에 모두 참
여하자는 것이었고, 영선이는 모두가 참여하려면 시간이 걸리니 두 명
씩 조사한 내용을 영상으로 만들면 좋겠다는 생각이었다. 어느 방법이
든 괜찮아서 조율할 수 있도록 도왔는데 갑자기 혜진이가 울었다.

> "선생님은 왜 맨날 영선이 편만 들고 영선이 이야기만 옳다고 하세요?" 너무 당황스러웠다. 나는 우리 반 모두의 말을 들어주고 친절한 교사라고 생각했는데, 아이들은 그렇게 생각하지 않았다. 다른 애 말만 들어준다고? 네 말도 들어줬잖아!!! 억울했다.

좋은 교사란 어떤 교사일까요?

따뜻하게 아이들의 마음을 보듬어 주는 교사. 수업 준비를 철저히 하고 진심으로 가르치는 교사. 아이들과 대화로 소통하고 교류하는 능력이 뛰어난 교사. 변화하는 세상에 맞추어 아이들과 함께 세상으로 나아가는 교사. 좋은 품성을 가진 교사. 다양한 지식과 함께 삶에 대한 기본적인 태도를 알려주며 교육하는 교사. 아이의 눈높이에 맞춰 교육하는 교사. 어느 하나 좋은 교사가 아닌 것은 없습니다.

하지만 사건이 생기거나 상황이 발생하면, 저마다 자기 입맛에 맞아야만 좋은 교사라고 합니다. 교실에서 다툼이나 갈등이 생겼을 때 자기편을 들어주는 교사가 좋다고 하기도 하고, 궁금한 것을 질문했을 때 친절하게 알려 주는 교사가 좋다고도 합니다. 속상한 일이 있을 때 진심으로 들어주는 교사가 좋다는 아이도 있지요.

늘 아이의 입장에서 모두의 말을 다 들어주려고 노력하지만, 정작 선생님의 마음을 들어주는 이가 없어 힘겨울 때가 많습니다. 선생님도 감정을 가졌기에 자기 마음에 다른 사람의 감정만 담아두는 것은 너무 힘겨운 일입니다. 아이들에게 좋은 교사가 아니라 자신의 마음이 편안해지는 스스로에게 친절한 교사가 되어보는 것은 어떨까요?

솔직하게, 친절하게, 단호하게

학년이 올라갈수록 아이들은 제법 자기주장을 강하게 합니다. 어른들의 눈에는 반항적인 행동으로 보일 수도 있습니다.

"선생님이 ○○이 편만 드는 것 같았니?"

"네. 선생님은 맨날 ○○이 편만 들어줘요."

"선생님은 그런 뜻으로 말한 게 아니란다. 너와 ○○이의 의견이 비슷하니 서로 조율하면 좋겠다는 말이었어. 너도 할 이야기가 있으면 지금 말해 주면 좋겠구나."

자기주장이 강한 아이라도 선생님이 마음을 솔직하게 표현한다면 마음을 가라앉히고 선생님의 이야기를 들어줄 것입니다.

마음속 '미움과 짜증'을 버리고 단호해지세요.

아이들끼리의 다툼에 끼어 이러지도 저러지도 못한 적이 있을 것입니다. 아이들의 감정은 고스란히 교사에게 옵니다. 교사는 감정 쓰레기통이 아닙니다. 선생님의 마음도 비워 주세요. 아이는 자신의 마음을 몰라준다는 속상함, 섭섭함, 원망이 있어도 선생님이 솔직하게 마음을 열고 다가가 그 마음을 이해해 주면 금방 달라질 것입니다.

좋은 교사는 아이의 말을 다 들어줘야 한다는 생각을 버리고 편안하면서도 위엄 있게 아이들에게 다가갈 필요가 있습니다. 단호해지기 위해서는 아이와의 관계 맺기가 중요합니다. 일관된 원칙으로 아이들을 대할 때 교사의 단호함은 더 빛을 발합니다. 그렇기에 교실에서 지켜야 하는 약속을 선생님도 함께 지켜주세요. 그리고 그 약속이 지켜졌을 때 칭찬도 잊지 않아야 합니다.

"처음에는 실수했지만, ○○이의 도움으로 다시 발표해 주어서 고마워."

"○○이의 사과를 받아줘서 고마워."

그리고 스스로에게도 잘하고 있다고 마음을 다독여 주세요. 자신에게도 친절한 교사가 되어 주세요. 선생님의 마음이 편하면 교실도 편해지고 아이들의 마음도 편안해질 것입니다.

친절하고 단호해지는 말

"네 생각을 말해 주어서 고마워. 하지만 지금은 조용히 책을 읽는 시간이야. 학급약속을 지켜주면 좋겠어. 고마워."

"네 행동이 지금 다른 친구들의 수업을 방해하고 있어. 친구를 배려해 주면 좋겠어. 고마워."

"선생님은 ○○의 입장에서 이야기하는 것이 아니란다. 네 입장도 생각하고 말한 거야. 선생님의 마음을 이해할 수 있겠니?"

눈높이를 맞추고
마음을 전해요

12월 4일

수업도 해야 하고 생활지도도 해야 하는 상황에서는 항상 마음이 조급하다. 빨리 해결하고 다음 일을 해야 하는데, 교실의 모든 문제를 일일이 해결하기가 어렵다. 상황을 파악하고 해결할 때까지 시간이 걸리니 답답해서 그냥 빨리 해결하고 싶은 순간이 많다.

더욱 중요한 건 생활지도를 할 때 해결되지 않은 감정이 수업 중에 다시 올라온다는 거다. 아이들끼리도 그런 것 같다. 충분한 공감이 필요하다는 것을 알지만, 짧은 대화를 하는 순간에도 갈등이 생긴다.

빨리 해결하느냐? 속도를 늦추고 충분히 공감하느냐?

아이들을 어떻게 더 잘 효율적으로 이해할 수 있을까?

근데 이런 일에 효율을 따질 수는 있나?

교사가 보기에는 쓸데없는 것처럼 보이는 일이라도 아이들에게는 이유가 있습니다. 그 이유를 다 들어줄 여유가 없어서 조급한 마음이 들기도 합니다. 아름다운 하늘을 그리기로 했는데, 까맣게 색칠하고 있다면 이유를 묻기 전에 답답함이 먼저 올라옵니다. 시키는 대로 하지 않아서 설명을 듣지 않은 거 같아서 화가 나기도 합니다.

"○○아, 아름다운 하늘 그리기 활동인데 왜 까맣게 칠하고 있니? 새로 종이 줄 테니까 다시 그려볼래?"

교사의 생각에 아름다운 하늘은 까만색이 아니기에 아이의 생각은 묻지도 않고 다시 그리라고 말해 버립니다.

"○○는 어떤 하늘이 아름다워?"

"밤에 별이 빛나는 하늘이요."

이렇게 여유를 가지고 아이의 마음을 알아보는 질문 하나면 충분한데 말입니다.

사랑으로 눈높이를 맞춰요

교사는 늘 개입과 기다림의 갈등을 겪습니다. 그렇다면 언제까지 기다려야 할까요? 해야 할 일이 태산인데, 개입과 기다림의 타이밍을 잡기가 너무 어렵습니다. 하지만 아이의 눈높이에서 생각해 보면 쉬운 일이기도 합니다.

아이들은 각자의 삶을 살며 교실에 앉아 있습니다. 자신의 과거와 현재와 미래를 함께 가지고 온 것입니다. 8살은 그 나이만큼, 12살은 또 그만큼의 삶을 살고 있는 것이지요. 나름의 이유가 있음이 당연합니다. 각자의 삶의 방향에 맞춰 질문하고 아이들의 삶을 그대로 인정할 때 아이들을 이해할 수 있습니다. 그래야 아이들은 존재를 인정받고 있다고 느낄 겁니다.

군무 이탈 체포조의 이야기를 다룬 드라마 〈D.P.〉에서 이탈한 군인을 찾는 이병 안준호와 상병 한호열은 이런저런 방법을 이야기합니다. 빨리 찾아야 하는데 뾰족한 수는 없는 상황입니다.

"그냥 맨땅에 헤딩 아닙니까?"
"그지, 그거지. 그럼 헤딩을 잘하려면 우리가 어떻게 해야 할까?"
"끈기?"
"실망하지 않는 거."

실망하지 않으려면 존재를 아끼고 정성을 다하는 마음, 즉 사랑이 있어야 합니다. 눈높이를 맞추는 것은 실망하지 않고 기다리는 사랑을 말하는 것이 아닐까요?

아기는 태어나서 첫돌 전후로 스스로 서거나 걷습니다. 그리고 개인차가 있지만, 옹알이에서 생후 8~12개월 사이에 첫말을 시작하지요. 학교에 입학하기 전에 스스로 밥을 먹을 수 있게 되고, 입학 후에는 한글을 배웁니다. 아이들은 제때 무엇인가를 배워야 합니다. 그 과정 모두에 사랑이 있어야 합니다.

사랑은 '사랑해'라는 말만으로 전달되지는 않습니다. 따스하게 눈 맞추기, 다정하게 토닥여 주기, 부드럽게 웃어 주기도 해야 합니다. 선생님의 사랑은 아이들에게 그대로 전해집니다. 선생님의 사랑을 듬뿍 받은 아이들은 말하지 않아도 서로 어떻게 대해야 하는지 알고 있습니다.

"같이 할래?"

"내가 도와줄게."

"양보할게. 네가 먼저 해."

자신의 눈높이에서 사랑으로 마음을 전하는 교실에서는 말하지 않아도 저절로 사랑의 마음을 배우고 전하게 될 것입니다.

아이의 눈높이에서 마음을 알아 주는 말

"사랑합니다."

"우리 같이 해볼까?"

"무슨 뜻인지 자세히 말해줄 수 있겠니?"

7장

긍정에너지로 만나는
학부모

근심은
유연함으로 줄여요

3월 29일

저녁 8시. 설거지를 하고 있었다. 다른 날보다 늦었다. 이번 주는 계속

이런 식이다. 식기세척기가 있지만, 애써 거품을 내고 그릇을 닦으면

서 교실에서 있었던 일을 곱씹어 보았다. 학교 일을 생각하고 있자니

아직 근무 중인 것 같았다.

징~ 문자 메시지가 왔다. 학부모였다. 고무장갑을 뒤집어 벗고 문자를

확인했다. 영선이 엄마의 문자 내용은 ****이 안 되니 친구추가를 해

달라는 것이었다. 답답함이 생기기도 했고, 유별나게 귀찮게 한다는

느낌이 전해졌다. 눈으로 메시지를 보는데 목소리가 액정을 뚫고 나와

서 귀에 박히는 것 같았다.

****으로 아이들과는 연락하지만, 학부모와 연락하는 건 별로라 차단

한 것이다. ****은 시도 때도 없이 연락이 오기도 하고 짧게 끊어서 보내는 문자 내용이 약간 예의 없어지는 것을 늘 경험하기 때문이었다. 기분 안 상하게 어떻게 답을 할지 고민해야겠다.

'자라 보고 놀란 가슴 솥뚜껑 보고 놀란다'라는 말이 있습니다. 과거 경험과 비슷한 상황이 생기면 그때 느낀 감정이나 생각이 다시 살아난다는 뜻입니다. 교차로에서 교통사고를 당한 적이 있다면 다른 교차로에서도 사고가 떠오릅니다. 다른 사람은 아무렇지도 않은데 말입니다. 즉 그 생각과 감정은 모두에게 절대적인 사실이 아니라는 것입니다.

관계에서 좋지 않은 일에 대한 경험은 그 상황이 다시 생길까 불안하고 두려운 마음을 갖게 합니다. 문제를 해결하려고 노력했는데도 원하는 결과를 얻지 못했기 때문에 근심하게 되는 것입니다. 근심은 꼬리의 꼬리를 물고 부정적인 에너지를 일으킵니다.

'****으로는 학부모와 연락하지 않는다'고 답하면 좋아하지 않을 것입니다. 학부모는 소통을 원치 않는 꽉 막힌 교사라고 여길 것이며, 교사도 자신을 그런 사람으로 생각하게 됩니다. 비약이긴 하지만, 결국 관계 개선을 위한 어떤 시도도 무의미하다고 생각하게 될 수도 있습니다.

비슷한 상황이지만 결과는 예전과 다를 수 있다는 생각의 전환이 있어야 합니다. 예전 기억에 집착하지 말고 다르게 전개될 것이라 기대하는 겁니다.

생각의 유연성을 가지면 근심이 줄어요

생각의 유연함을 가지는 건 팔랑귀가 되라는 것도 아니고, 줏대 없이 '이래도 흥, 저래도 흥'의 의미는 더욱 아닙니다. 자신의 결론에 집착하지 않고 바꿀 수 있어야 한다는 것입니다. 어떤 어려운 일이든 지나갈 것이며, 예전에 나를 힘들게 했던 그 경험과 지금의 일은 같은 일이 아니라고 분리해서 생각하는 것입니다. 해보지 않은 일을 경험하고 나면 성장한 자신을 만나게 될 것이라고 스스로 믿는 것이 필요합니다. 예전의 경험과는 전혀 다른 방향으로 상황이 전개될 것으로 기대하는 것이지요. 그러면 상황에 따라 유연한 대처가 가능하고 근심과 걱정을 줄일 수 있습니다.

관계로 인해 생기는 근심거리를 줄이는 데도 유연함이 필요합니다. 다른 사람들은 나와 생각이 다를 수 있음을 인정하고 소통하는 것이 먼저입니다. 교사로 생활하면서 어떤 해에는 아이들과의 관계도 만족스럽고 학부모도 학급경영 전반에 걸쳐 긍정적인 피드백을 보내옵니다. 또 다른 해에는 아무리 애를 쓰고 참아도 아주 작은 문제가 커져서 잘 해결되지도 않고 곤란한 상황이 자꾸 생기기도 합니다. 좋은 관계가 서로 이해할 수 있게 돕기도 합니다.

친밀감을 만들어야 한다고 생각해 보세요. 웨인 베이커는 『나는 왜 도와달라는 말을 못할까』에서 누군가에게 도움을 요청할 때 친화적 동기가 생겨서 친밀감을 느끼고, 도움 요청을 받을 때 상대를 더 친하게 느낀다고 했습니다.

'올해 담임교사는 어떤 사람일까?'

'우리 아이와는 잘 맞을까?'

'공부는 잘 가르칠까?'

학부모가 내 아이를 가르치는 교사에게 관심이 있는 것은 당연합니다. 학부모에게 '우리는 함께 아이를 성장시켜 나가는 거예요'라는 선생님의 마음을 전해 보세요. 학급이나 선생님을 소개하는 자료를 가정으로 보내고 학급에서의 활동 내용을 알림장이나 학급소식지로 전하는 것입니다. 선생님의 관심과 사랑은 아이 교육에 걱정과 기대가 많은 학부모의 마음을 안심하게 하고 교육공동체로 인정한다는 메시지로 전달됩니다.

근심을 줄이는 유연한 생각

'내 생각대로 되지 않을 수 있어. 직접 물어보자.'

'사람마다 생각하는 게 다를 수 있어. 그건 잘못된 게 아니야.'

'양쪽 모두의 이야기를 들어보는 것이 필요해.'

학부모와의 관계에서는
통찰력을 발휘해요

4월 7일

민기 어머니한테 전화가 왔다. 친구와 싸운 일로 전화가 왔을 거라 짐작했다. 그런데 민기 엄마가 대뜸 화를 내며 말했다. "선생님, 왜 민기의 말은 들어주지도 않고 다른 아이 얘기만 듣고 우리 아이만 잘못한 것처럼 죄인을 만들어요?" 너무 당황스러웠다.

쉬는 시간 친구와 블록 놀이를 하다가 민기가 친구가 쌓은 블록을 넘어뜨렸다. 민기는 실수로 그랬다고 그리고 다른 아이는 일부러 그런 거라고 하며 싸움이 났다. 내가 직접 보지 못해서 주변의 친구들 말도 들어도 보고 민기와 다른 친구의 말도 다 들어보았다. 화가 난 아이에게 민기가 실수로 블록을 넘어뜨린 것 같다고 달래며 실수라도 다른 사람의 기분을 상하게 한 것이니 민기에게 어떻게 하면 좋을지 물었다. 그래서 민기가 친구에게 사과하고 싶다고 했고 그렇게 사과했다. 민기는 그 친구와 점심시간에도 같이 블록을 쌓으며 놀았다.

서로 화해하고 사이좋게 놀다 갔는데 이게 무슨 일이지? 왜 내 말은 안 듣고 안 믿어주시나요!!! 답답하다.

요즘 교사 하기가 점점 어려워지고 있습니다. 교사의 권위가 없어지고, 생활지도도 그냥 하지 말라고 말만 할 뿐, 할 수 있는 것이 아무것도 없습니다. 그래서 많은 무력감을 느끼고 좌절하기 일쑤이지요. 그런데 더 큰 문제는 생활지도가 아니라 학부모의 민원입니다. 학부모 민원이 발생하면 교사의 의지와 열정을 한꺼번에 빼앗아 가버리는 사례가 많아 더욱 힘들어지고 있습니다.

학부모와 '소통'하는 일은 꽤 비중을 차지하는 큰일이면서 상당히 어려운 일이기도 합니다. 학부모와 소통해야 한다는 것을 알지만, 어떻게 해야 하는 것일까요?

통찰력으로 힘을 내요

교사와 학부모는 서로 존중하고 협력해야 하는 관계입니다. 각각 학교와 가정에서 아이를 가르치는 역할을 하는 사람이기에 서로 반드시 존중하고 존중받아야 합니다. 협력하는 동료로 학부모를 바라본다면, 아이를 성장시켜 나가는 동료이기에 서로 고민을 터놓고 나누는 것이 자연스러운 일이 될 것입니다.

부모라면 누구나 아이가 학교에서 어떻게 생활하고 있는지 궁금해합니다. '오늘은 잘 지냈을까? 친구와 사이좋게 지냈을까? 수업은 잘했을까?' 등 이런 궁금증을 해소해 줄 명쾌한 피드백이 온다면 학부모는 교사를 믿음으로 지지해 줄 것입니다. 학부모와의 원활한 소통은 신뢰 관계를 더욱 깊게 할 수 있습니다.

교사는 전문가로서 아이를 관찰해야 합니다. 그리고 면밀히 파악한 아이의 정보를 충분히 활용하여 학부모를 대한다면 서로 믿는 관계가 될 것입니다.

평상시 모습과 다른 행동이 관찰되거나 관찰해도 잘 모르는 부분은 학부모에게 질문하면 됩니다.

"○○이가 색칠할 때 빨간색을 많이 쓰던데 혹시 요즘 불안한 일이라도 있을까요?"

그리고 잘하는 일이나 행동에 대해 부모에게도 '고마워' 에너지를 전하세요.

"□□이가 오늘 다친 친구를 보건실에 데려다 주었어요. 얼마나 고마웠는지 몰라요."

학생과 학부모는 스스로 선택한 것은 하나도 없습니다. 학교도 학급도 선생님도 모두 주어지는 것이지요. 스스로 선택한 것이 아닌 주어진 학급과 선생님에게 내 아이를 맡기는 것은 고마운 마음도 있지만 걱정과 두려운 마음이 있는 것은 당연합니다.

선생님의 노력과 진심을 직접적으로 말하지 않으면 잘 전해지지 않는 경우가 많습니다. 겸손의 미덕은 내려두고 학급에서 하는 활동들을 자랑하세요.

'우리 반은 매일 감사일기를 쓰고 있습니다. 아이들의 알림장으로 꼭 확인해 주세요.'

'자연과 함께하는 그림을 그렸습니다. 나뭇잎 2~3장을 이용해 나무와 꽃, 곤충을 표현했어요. 아이들의 마음이 느껴져서 고마웠습니다.'

학급에서 아이들이 잘 성장하고 있음을 보여주고 신뢰를 쌓는 일이야말로 학부모를 가장 잘 통찰하는 것이 아닐까 생각합니다.

학부모를 교사의 편으로 만드는 말

"수학 시간에 도형 그리기를 할 때 자를 이용해서 반듯하게 그렸어요. ○○이는 반듯하고 깔끔한 것을 좋아해요."

"쉬는 시간 친구와 이야기할 때 가장 신이 납니다. 하지만 수업 중 발표할 때는 자신감이 부족해 보여요. 가정에서는 어떤가요?"

분노하는 학부모,
이해의 힘을 키워요

7월 6일

민기는 수업 시간에 너무 산만하다. 지우개를 빌리러, 연필을 주우러, 사물함에 색연필을 가지러…. 핑계를 만들며 계속 일어난다. 혼자 일어나 왔다 갔다 하는 것도 정신없는데, 꼭 친구의 물건에 손을 대거나 가방을 발로 차고 자리로 돌아온다. 그러니 친구들이 가만히 있지 않고 고자질하거나 같이 티격태격한다. 민기와는 짝도 하지 않으려고 했다.

민기 엄마도 이런 사실을 알고 처음 상담할 때는 가정에서도 지도하겠다고 했다. 하지만 문제가 생길 때마다 민기가 매번 거론되다 보니 내게 화를 냈다. 내가 민기만 미워한다고, 관심을 가지지 않는다고, 지도를 잘 못해서 이런 일이 자꾸 생긴다는 것이었다. 작년에는 안 그랬단다.

학기 초에 작년 담임선생님이 직접 찾아와 말씀해 주셔서 더욱 신경을 썼는데 자꾸 이런 일이 생겨서 속상하다.

수업 방해 행동을 하는 아이에게 교사는 '그만해'라고 말할 수는 있어도 강제로 조치를 취하기는 어려웠습니다. 최근에 수업 방해 학생에 대한 조금 더 강력한 조치에 대한 논의가 활발하게 진행되고 있으며 학교 현장에서 실시할 수 있는 방법을 찾고 있습니다. 내 아이, 남의 아이 할 것 없이 소중하다는 학부모의 생각 전환도 필요합니다.

이런 변화와 더불어 학부모 상담 방법도 바뀌고 있습니다. 아이의 올바른 성장을 위해 사전에 교사와 협의가 된 후 상담이 가능합니다. 또한, 교원은 근무 시간, 직무 범위 외의 상담을 거부할 수 있고, 상담 중 폭언, 협박, 폭행이 있을 시 상담을 중단할 수 있다고 합니다. 지금껏 그리하지 못했지만, 이제 교사의 교육할 권리가 회복되어 가고 있습니다.

수업 방해 아이를 제지할 수 있고 상담을 거부할 수 있는 권한이 있어도 교사는 아이를 교육해야 할 의무가 있습니다. 법안이 바뀐다고 해도 수업을 방해하는 아이들은 있기 마련이고 이들을 지도해야 합니다. 그리고 아이를 성장시켜나가는 교육자로 학부모 상담을 소홀히 할 수는 없습니다.

학부모의 책임성을 높이고 교사는 이해의 힘을 키워요

교사를 신뢰하는 학부모는 아이에게 어떤 일이 생겨도 선생님에게 자초지종을 확인하고 이성적으로 행동합니다. 하지만 반대의 경우는 어떨까요? 짐작이 되지요?

간혹 소통으로 신뢰 관계를 유지하려고 노력하는 선생님을 믿어주지 않는 일명 '진상' 학부모도 있습니다. 아이들이 울며 떼쓴다고 해서 교사도 같이 울며 떼쓸 수 없는 것처럼 '진상' 학부모에게 '진상' 교사가 되어서는 안 됩니다.

그런 학부모는 대부분 학교나 교사에 대한 인식이 부정적인 경우가 많습니다. 그래서 교사를 신뢰하지 못하고 아이의 말만 듣고 교사에게 욕설을 하거나 폭력을 행하기도 합니다. 교사의 순수한 의도를 의심하거나 이전 담임에 대한 불만을 현재 담임에게 쏟아내기에 학부모 응대가 쉽지만은 않습니다. 사사건건 민원을 제기하기도 합니다.

이러한 문제를 해결하려면 학부모가 정확한 사실을 이해하도록 해야 합니다. 자기 생각만 옳다고 주장하는 학부모를 이해하고 소통하는 것은 어려운 일입니다. 그들의 생각을 바꾸는 일은 더 어렵습니다. 그래도 학부모의 상황과 마음을 인정하고 존중해 준다면 조금은 쉽게 소통하며 신뢰를 쌓을 수 있을 것입니다. 하지만 상황이 발생하고 나면 학부모와의 소통은 쉽지 않기에 미리 신뢰의 점수를 쌓아두는 것이 좋습니다.

"○○이가 체육활동을 아주 좋아합니다. 줄넘기도 양발 모아뛰기

100개를 넘게 하려고 연습을 열심히 했습니다. 그런데 100개를 넘지 못하니 많이 서운했나 봅니다. 집에서도 노력했는데 잘 안될 때 어떻게 하는지 궁금합니다. 그럴 때 어머니께서는 어떻게 하시는지 방법을 알고 싶어요."

"○○이의 행동 변화를 위해서 학교와 가정에서 함께 노력해야 할 점이 있을까요?"

학부모는 교사가 자신의 아이를 이해하고 있고, 자신도 존중받고 있다고 느끼면 긍정적이고 수용적인 태도로 바뀔 것입니다. 학부모의 태도가 긍정적이고 수용적으로 바뀐다면 문제 상황을 해결하기 쉬워질 것입니다.

학부모와 소통하며 긍정의 관계로 이끄는 말

"○○이가 친구들에게 놀림당해서 많이 속상하고 화가 나시겠군요. ○○이도 많이 속상했겠어요."

"제가 보기에는 ○○이의 행동이 공격적일 때가 있는데, 어머니가 보시기엔 어떤가요?"

"제가 부모님 입장이라면 더 화가 날 거 같은데, 그래도 정중하게 말씀해 주셔서 감사합니다."

"언제나 믿어주셔서 감사합니다."

방어기제의 빗장을 푸는
감사 열쇠를 준비해요

10월 7일

민기는 학년 초 기초조사서에 엄마가 아닌 아빠의 연락처를 기본 연락처로 제출하였다. 이번에 민기 아버지와 통화하면서 내가 잘못 생각했다는 걸 알게 되었다. 막연하게 '아빠라면 이럴 거야' 하고 생각했던 것 같다.

민기가 최근 며칠 동안 몇 가지 문제 행동(지나친 장난, 반항적인 태도, 혐오감을 줄 수 있는 표현 등)이 있었는데 지도해도 달라지지 않고 반복되어서 상담 요청을 드렸다. 통화하기 전에 나는 민기 아버지께서 혹 자녀 교육에 관심은 있을까, 생각했다. 또 남자니까 엄마들과 상담할 때보다는 짧고 간결하게 끝나지 않을까 하는 생각도 했다. 해야 하는 말을 다 전해야 하는데…. 그러나 내 모든 예상은 빗나갔다.

민기 아빠도 아이의 성장에 관심이 있고, 아이를 사랑하는 학부모였던 것이다. 아이를 위하는 말씀도 하시고 내 지도 방법에 대한 의견을 표현하셨다. 상담 시간도 짧지 않았다.

요즘은 모든 것이 '개인정보'로 보호되고 있어서 아이 본인 이외의 정보는 모두 비공개가 원칙입니다. 그래서 아이의 가정환경이나 부모님의 양육 방식을 속속들이 알기 어렵지요. 필요하다면 학부모 상담을 통해 알 수 있지만, 상담 신청을 하지 않는 학부모도 많습니다. 그렇다 보니 문제가 있어서 학교에서 상담 요청을 하기 전까지는 아이 주변의 상황도 파악하지 못한 채 지도하는 경우가 많지요.

자녀의 문제 행동에 대해 상담할 때 보호자가 마치 자신이 잘못한 것인 양 대신 평계를 대거나 항변하는 일이 종종 있습니다. 부모 자신을 자녀와 동일시하여 안전한 경계가 형성되지 못했다는 뜻입니다.

적대적 관계는 공격과 방어, 우호적 관계는 소통과 감사

교사가 아이의 주변 상황을 잘 이해하고 있다면, 다른 해결책을 찾을 수도 있고 전혀 다르게 바라볼 수도 있습니다.

지하철에서 대여섯 살쯤 돼 보이는 남자아이 둘이 신발을 신은 채 의자 위에 올라가서 장난치고 손잡이를 잡으려고 뛰어오르기도 한다. 바로 옆에는 아빠로 보이는 남자가 멍하게 앞만 바라보고 있다. 사람들은 속으로 '도대체 애들 간수도 안 하고 뭐 하는 거야? 아빠가 저러니 애들이 저 모양이지' 하고 생각했다.

참다못한 한 남자가 애들 아빠를 툭 치면서 말했다.

"이보쇼. 애들이 신발을 신고 저렇게 의자 위에서 뛰게 하면 되겠소?"

그러자 남자는 정신을 차리며 얼른 일어나 애들을 잡고 내려오게 하면서 말했다.

"죄송합니다. 제가 이제 막 아내를 하늘나라로 보내고 돌아오는 길이어서 정신이 없었습니다. 정말 죄송합니다."

상황을 충분히 이해하게 되면, 똑같은 일이라도 전혀 다르게 받아들입니다. 처음에는 원망과 분노의 마음이었던 사람들이 상황을 알고 난 뒤에는 안쓰러움, 위로의 마음으로 바뀌었겠지요?

지속해서 문제 행동을 보이는 아이가 있다면, 먼저 아이를 더 잘 이해하기 위해서 심층적으로 접근하여 파악하려는 노력이 필요합니다. 학부모 상담 이외에도 각종 검사, 종류가 다른 활동이나 환경, 전문가의 조언 등을 활용해 보세요.

그래도 일순위는 학부모와의 소통입니다. 그런데 문제는 방어적인 학부모의 태도입니다. 방어적인 학부모는 아이에 대한 선생님의 관심을 부정적인 감정이나 공격으로 인식합니다. 그래서 자신과 아이를 보호하기 위해 방어의 빗장을 채웁니다. 이럴 때는 재빨리 태세를 전환해야 합니다.

　먼저, 상담에 응해 주신 것에 대한 감사를 전달해 주세요. 우리가 우호적인 관계라는 것을 먼저 충분히 인식하게 하면 방어의 빗장은 풀리고 선생님의 말을 수용할 준비가 됩니다. 방어의 빗장을 풀어내는 것도 중요하지만, 가장 좋은 것은 문제 상황이 발생되었을 때 상담을 하고 해결하려고 노력하는 것이 아니라 평소 교실의 상황을 학부모와 소통하며 신뢰 관계를 만들어 두는 것입니다.

학부모의 마음을 여는 말

"상담을 위해 시간 내어주셔서 감사합니다."

"○○이에 대해 이렇게 함께 이야기할 수 있는 아버님(어머님, 보호자 분)이 계셔서 정말 다행입니다."

"제가 그건 몰랐는데 그런 일이 있었군요. 알려 주셔서 고맙습니다. 아이에 대해 많이 알수록 더 잘 지도할 수 있으니 이렇게 알려주시는 것이 큰 도움이 됩니다."

"앞으로도 아버님(어머님, 보호자 분)과 의논하면서 □□이를 도울 수 있을 것 같아서 한결 마음이 가볍고, 기대됩니다. 감사합니다."

모든 순간에 긍정에너지가 함께 하기를

선생님이 되고 싶었던 어린 후배는 하늘의 별이 되었습니다. 그동안 교실 문을 나오지 못했던 많은 아픈 이야기가 세상에 나왔습니다. 그렇게 2023년 7월은 슬펐고, 8월은 아팠으며, 9월은 앞으로 나아갔습니다.

사방이 초록이 시작될 때 글을 쓰기 시작했습니다. 시리도록 아름다운 초록은 검은 점이 되고, 물결이 되었습니다. 직접 간지러운 곳을 긁어주고 싶은 마음에 시작한 글이었지만, 또다시 등을 떠미는 것 같아 썼다 지우기를 수없이 반복했습니다. 용기를 주고 싶었는데, 또 버티라고 말하고 있어서 미안했습니다.

그래도 우리는 여전히 선생님이고, 아이들을 사랑하고, 가르치는 일을 좋아한다는 것을 떠올렸습니다. 선생님들이 선생님으로서 마음껏 가르치고 함께 배우며 살아갈 수 있게 조금이라도 보탬이 되고자

했습니다.

교실의 에너지를 긍정적으로 바꾸어 보려고 참된 힘을 찾는 시간은 저자들에게 의미 있는 시간이었습니다. 교사로서의 지난 시간을 돌아보게 하였고, 다른 선생님들을 만날 때 무엇을 공감해야 하는지 뼈저리게 느끼기도 했습니다.

교실의 상황은 비슷해 보이지만, 그 속에 있는 교사와 학생, 학부모의 생각은 각기 다른 곳에 머무르기도 합니다. 하지만 교실의 상황을 이해하고 그것을 판단하여 문제를 해결하는 것은 선생님의 몫입니다.

'고마워, 사랑해, 덕분이야.'

교실을 따뜻하게 하는 것은 거창한 무언가가 아니라 작은 다독임, 따뜻한 눈빛 하나, 사랑을 전하는 말 한마디입니다. 이 책을 통해 위력을 참된 힘으로 바꿀 수 있는 긍정에너지를 드리고 싶습니다.

시간이 흐르고 경력이 쌓이면, 익숙함과 노련함으로 모든 게 쉬워진다면, 참 좋겠습니다. 자발적인 배움의 욕구가 일어나기도 전에 외부의 자극과 상황의 변화에 떠밀려 진화하고 발전해야 하는 현실이 가혹하지만, 이 책을 손에 든 선생님이라면 분명 길을 찾고 계실 것입니다.

선생님으로서 걸어가야 할 길, 끝까지 걸어가면 목적지에 다다를 수 있는 올바른 길을 말입니다. 지금 우리가 함께 걷는 이 길이 후배들에게, 다음 세대의 주인공이 될 우리 아이들에게 이정표가 될 것임을 알기에 더욱 조심스럽습니다.

누가 알아주지 않아도 견디고 힘을 내기 위해 안간힘을 쓰고 있는 선생님, 교사라는 이유로 그 부당함을 참고 견딜 필요는 없습니다. 하지만 선생님들의 노력과 인내의 순간에 아이들의 성장이 함께할 것입니다. 모든 순간에 긍정에너지가 함께 하기를 진심으로 기원합니다.

처음 교단에 섰을 때의 떨림과 설렘으로 지금 선생님 마음에 진정한 힘을 가득 채우길 바랍니다. 손잡고 힘내어 함께 걸어요.

긍정에너지로 채워진 교실을 함께 그려보며 고민해 주신 경상남도 교육청과 케렌시아 출판사, 아낌없이 나눠주신 양경윤 수석 선생님, 고맙습니다. 감사합니다.

함께 긍정의 교실을 만들어 갈 선생님, 고맙습니다. 감사합니다.

답설야중거 (踏雪野中去)

눈 내린 들판을 걸어갈 제

불수호란행 (不須胡亂行)

발걸음을 함부로 어지러이 걷지 마라

금일아행적 (今日我行跡)

오늘 내가 걸어간 발자국은

수작후인정 (遂作後人程)

반드시 뒷사람의 이정표가 되리니

조선 시대(1771~1853) 시인 임연당 이양연의 시

'긍정의 교실'을 선물합니다

 학교는 무엇을 하는 곳이어야 할까요?

 학교의 역할은 시대에 따라 조금씩 변하고 있지만, 우리는 코로나 19를 겪으면서 일상이 전복되는 경험을 하였고 학교를 새롭게 바라보게 되었습니다.

 학교는 단순히 지식을 전달하고, 좋은 대학을 가기 위해 경쟁하며 배우는 곳이 아니라 따뜻하고 긍정적인 관계를 배우는 곳입니다. 이러한 관계 속에서 삶을 배우고 세상의 두려움에 맞설 수 있는 삶의 지혜도 배웁니다. 그 관계는 바로, 존재 자체에 대한 고마움을 담을 때 시작됩니다.

 "함께 해줘서 고마워!"
 "넌 아주 사랑스러운 사람이야."
 "덕분이야."

 학생은 교사의 삶을 보며 자랍니다.
 학교에서의 관계는 교사, 학생, 학부모 사이의 다양한 관계로 이루어집니다. 그리고 참 배움은 교육공동체가 서로의 다양성을 존중하고 배려하는 관계를 이어갈 때 일어납니다.

학교를 따뜻하고 안전한 공간으로 새롭게 바라보며 교육공동체 안에서 함께 성장하기를 바라는 마음을 담아 경상남도교육청은 '수업, 한 권의 책이 되다' 공모사업을 열어 선생님이 현장에서 실천한 소중한 기록을 함께 나누는 일을 지원하였고 긍정의 에너지를 가득 채울 수 있는 노하우가 담긴 『긍정의 교실』을 출간하게 되었습니다.

따뜻한 긍정의 에너지가 담긴 이야기,
교사라면 한 번쯤 겪을 교실과 수업의 문제상황에 대한 해결 팁.
작은 다독임과 따뜻한 눈빛,
사랑을 건네는 방법을 알려 줍니다.
나무뿌리가 물과 양분을 얻으려 더 깊이 뻗듯이
교실의 뿌리가 '방법'이 아니라, '긍정의 가치'로 뻗어갈 수 있도록
도와줍니다.

아이들과 배움, 가르침을 사랑하는 모든 선생님에게
'긍정의 교실'을 선물합니다.

박영선
(경상남도교육청 초등교육과장)

참고문헌

『고마워 교실』 양경윤·김미정, 쌤앤파커스, 2021

『관계의 교육학, 비고츠키』 진보교육연구소 비고츠키교육학실천연구모임,
　　살림터, 2015

『교사를 위한 마음공부』 류성창, 지노, 2023

『교사 상처』 김현수, 에듀니티, 2014

『교실에서 바로 쓸 수 있는 낯선 행동 솔루션 50』 토드 휘태커·애넷 브로,
　　우리학교, 2020

『당신이 옳다』 정혜신, 해냄, 2018

『마음의 법칙』 폴커 키츠·마누엘 투쉬, 포레스트북스, 2022

『사람, 장소, 환대』 김현경, 문학과지성사, 2015

『새로운 가난이 온다』 김만권, 혜다, 2021

『수업 코칭』 신을진, 에듀니티, 2015

『수업 방해』 한스 페터 놀팅, 테크빌교육, 2018

『아들러 심리학을 읽는 밤』 기시미 이치로, 살림, 2015

『의식지도 해설』 데이비드 호킨스, 판미동, 2022

『의식 혁명』 데이비드 호킨스, 판미동, 2011

『최재천의 공부』 최재천·안희경, 김영사, 2022

『하루 한마디 인문학 질문의 기적』 김종원, 다산북스, 2020

『한 줄의 기적, 감사일기』 양경윤, 쌤앤파커스, 2014

긍정의 교실

초판 1쇄 발행 2023년 11월 24일

지은이 / 임혜진, 전민기, 정영선

발행 / 케렌시아
인쇄 / (주)다해씨앤피
일원화 구입처 / 031-407-6368 (주)태양서적
등록 / 2021년 11월 18일 (제386-2021-000096호)
이메일 / niceheo76@gmail.com

ISBN 979-11-976811-9-6 (03370)